Livre de recettes de friteuse pour les débutants

Jean Martin

Ce livre électronique est fourni dans le seul but de fournir des informations pertinentes sur un sujet spécifique pour lequel tous les efforts raisonnables ont été faits pour s'assurer qu'il est à la fois précis et raisonnable. Néanmoins, en achetant ce livre électronique, vous acceptez le fait que l'auteur, ainsi que l'éditeur, ne sont en aucun cas des experts sur les sujets contenus dans ce livre, quelles que soient les affirmations qui peuvent y être faites. En tant que tel, toutes les suggestions ou recommandations qui sont faites dans ce livre sont faites purement pour le divertissement. Il est recommandé de toujours consulter un professionnel avant d'appliquer les conseils ou les techniques qui y sont présentés.

Il s'agit d'une déclaration juridiquement contraignante, considérée à la fois comme valide et équitable par le Comité de l'Association des éditeurs et l'American Bar Association, et qui doit être considérée comme juridiquement contraignante aux États-Unis.

La reproduction, la transmission et la duplication de tout le contenu de ce site, y compris les informations spécifiques ou étendues, seront considérées comme un acte illégal, quelle que soit la forme finale de l'information. Cela inclut les versions copiées de l'œuvre, qu'elles soient physiques, numériques ou audio, à moins que l'éditeur n'ait donné son consentement exprès au préalable. Tous droits supplémentaires réservés.

En outre, les informations qui se trouvent dans les pages décrites ci-après sont considérées comme exactes et véridiques lorsqu'il s'agit de relater des faits. À ce titre, toute utilisation, correcte ou incorrecte, des informations fournies dégagera l'éditeur de toute responsabilité quant aux actions entreprises en dehors de son champ d'action direct. Quoi qu'il en soit, il n'existe aucun scénario dans lequel l'auteur original ou l'éditeur peuvent être considérés comme responsables de quelque manière que ce soit des dommages ou des difficultés qui peuvent résulter de l'une des informations présentées ici.

En outre, les informations contenues dans les pages suivantes ne sont destinées qu'à des fins informatives et doivent donc être considérées comme universelles. Comme il sied à leur nature, elles sont présentées sans garantie quant à leur validité prolongée ou leur qualité intermédiaire. Les marques commerciales mentionnées le sont sans autorisation écrite et ne peuvent en aucun cas être considérées comme une approbation du détenteur de la marque.

Contenu

COURGETTE POURPRE KETO 9

CURRY 11

SPAGHETTI DE COURGETTES AVEC BRUNCH NATURE 13

TAMPON DE COURGETTE KETO 14

FRITEUSE À COURGETTES ET CHAMPIGNONS **Error! Bookmark not defined.**

MELANZANI DE COURGETTES À TARTINER AVEC DES NOISETTES 16

INGREDIENTS 16

ÉPINARDS LÉGUMES 18

ŒUF AU PLAT SUR SALADE VERTE 15

CHAMPIGNONS SAUTÉS 20

ŒUFS BROUILLÉS AVEC JAMBON ET CHAMPIGNONS 21

ŒUFS BROUILLÉS AUX CHAMPIGNONS 22

BOEUF 23

STEAK DE DINDE AUX LÉGUMES 25

DINDE EN TRANCHES AVEC KARFIOLPÜREE 26

ROULEAU D'OMELETTE AVEC FROMAGE FRAIS ET SALADE 28

COURGETTES MARINÉES 30

FILET DE SAUMON AVEC RIZ ET POISSON 31

FILET DE SAUMON AVEC GLAÇAGE 33

ŒUFS BROUILLÉS AUX HERBES 34

CUISSE DE POULET SUR CUBES 35

COLONNES 36

GURKTALER BACON CHIPS 37

ROULADE FARCIE À LA SAUGE ET AU BACON 38

SANDRE FRIT À L'AIL 39

COURGETTES AU FOUR 40

FRITEUSE DE LÉGUMES AU FENOUIL ET CURCUMA 42

ROSBIF FIN AUX CÈPES 43

RÔTI HACHÉ AVEC ŒUF 44

CUBES DE SAUMON À L'ASIATIQUE AVEC BROCOLI 46

LÉGUMES 47

REMPLI MELANZANI 48

FILET DE SAUMON SUR COURGETTES 49

FILET DE SAUMON AVEC GRATIN 51

POISSON MARINÉ DANS LE WOK 52

SOUPE AUX LÉGUMES 54

SALADE 56

OMBLE AVEC POLENTA 58

SAUMON AU SÉSAME AVEC BROCOLI ASIATIQUE 60

ZOODLES AVEC SAUCE 62

RATATOUILLE FRITEUSE **Error! Bookmark not defined.**

CHOU-FLEUR TANDOORI 65

CASSEROLE D'AUBERGINES AU YAOURT AVEC DES BOULETTES 68

OMELETTE AUX ARTICHAUTS 70

POULET AU MIEL AVEC FENOUIL ET CHAMPIGNONS 72

JEUNES LÉGUMES BRAISÉS AVEC DU JAMBON SAUTÉ 74

ESCALOPE DE DINDE AU PAPRIKA ET MANGETOUTS 76

PAIN DE VIANDE PIZZA 78

GÂTEAUX KETO AIR FRYER 81

ESCALOPE DE POULET AVEC SALSA DE FIGUES D'OLIVE ET PÂTES COMPLÈTES 82

DINDE À L'ESTRAGON AVEC MANGETOUT ET RIZ SAUVAGE 84

SCHLEMMERLENDCHEN 'KETO' 86

SALADE DE CONCOMBRES AUX GRAINES DE GRENADE, FROMAGE BLANC ET RADICCHIO 88

DINDE EN TRANCHES AVEC DES LÉGUMES DE PRINTEMPS 90

CURRY 92

FILETS DE POULET FOURRÉS AUX ÉPINARDS ET AUX DATTES 94

TACOS DE CHOU-FLEUR CÉTO 96

SALADE DE QUINOA AU THON, ROQUETTE ET GRENADE 99

SAUMON À LA CRÈME AVEC PETITS POIS ET CITRON 100

DORADE FRITE AVEC SALZA DE MANGUE FRAÎCHE 102

FILET DE SAUMON EN CROÛTE D'AMANDES ET PURÉE 104

FRITEUSE ASIATIQUE AVEC CREVETTES ET LÉGUMES 107

SALADE FRAÎCHE AVEC SAUMON, ŒUF ET PARMESAN 109

FILET DE SAUMON GRILLÉ AVEC HARICOTS 111

NOUILLES DE LÉGUMES AVEC CREVETTES ET TOMATES CERISES 113

SAUMON GRILLÉ AU POTIRON ET HARICOTS 115

SALADE D'ESE JAAIR FRYER AVEC CREVETTES 117

COURGE BUTTERNUT À LA FRITEUSE AVEC TOMATES ET HARISSA 120

CITROUILLE FARCIE AVEC RIZ AU CHOU-FLEUR ET CHAMPIGNONS 122

SOUPE AU POTIRON AVEC NOIX DE CAJOU GRILLÉES 124

GRATIN DE POTIRON 126

STEAK DE PORC RÔTI AUX LÉGUMES 128

QUINOA AU POTIRON RÔTI 129

SALADE COLORÉE AU BLANC DE POULET ET CERNEAUX DE NOIX 131

SALADE DE CHOUX DE BRUXELLES AU POTIRON RÔTI ET AUX NOIX DE PÉCAN 134

CANARD RÔTI AVEC FARCE 136

OMELETTE AUX CHAMPIGNONS ET AUX HERBES 139

FRITEUSE DE LÉGUMES AVEC HARICOTS, POIVRONS ET CAROTTES 141

AVOCAT RÔTI AU BACON 143

CHOU-FLEUR FRIT AUX HERBES FRAÎCHES 144

FOIE FRIT AVEC OIGNONS ET HERBES 146

ASPERGES VERTES AVEC FILET DE SAUMON ET BEURRE À L'ANETH 148

LANIÈRES DE POITRINE DE POULET AVEC ASPERGES VERTES DE STYLE ASIATIQUE 150

FILET DE SAUMON SUR ASPERGES VERTES ET CHOU-RAVE 152

TRUITE RÔTIE AU BEURRE ET AU CITRON 154

STEAK SUR OIGNONS DE PRINTEMPS AVEC SAUCE 156

POIVRONS GRATINÉS 159

CREVETTES SUR SALADE 160

ENTRECÔTE 162

FILET DE SAUMON À L'ANETH 163

BLANC DE POULET AVEC JULIENNE ET SALADE DE LÉGUMES 164

FILET DE BŒUF AUX TOMATES 166

MAGRET DE CANARD AUX LÉGUMES DU WOK 168

POITRINE DE POULET RÔTIE AVEC SALSA DE TOMATES 170

SALADE COLORÉE AVEC CHAMPIGNONS FRITS 172

CUISSES DE POULET AUX GIROLLES 174

SHASHLIK 175

BOULETTES DE VIANDE D'AGNEAU AVEC SALSA 177

COURGETTE POURPRE CÉTO

Ingrédients

- 900 Gzucchini
- 1 stkLemon (jus)
- 1 prizesalt
- 4 stkeggs
- 3 ELa farine d' amande
- 120 GCheese (râpé)
- 2 stkonion
- 2 shotHuile pour la friteuse

préparation

- Pour le violet de courgettes Keto, lavez d'abord les courgettes et râpez-les avec une râpe. Faites-les tremper dans un bol de sel et de jus de citron pendant environ 30 minutes. Puis exprimez-les bien avec vos mains.
- Pendant ce temps, épluchez l'oignon et hachez-le finement. Maintenant, mélangez bien les courgettes, l'oignon, le fromage, les œufs et la farine dans un bol. Assaisonnez à nouveau le mélange fini avec du sel.
- De la masse, formez des galettes et faites-les cuire dans une friteuse à air avec de l'huile, des deux côtés, en les faisant dorer.

CURRY ZUCCHINI

Ingrédients

- 1 tir Pfanzenöl
- 1 stkonion
- 3 stkGousses d'ail
- 3 stkPiments (verts, frais)
- 2 cmginger
- 1 TLchili en poudre
- 2 stkzucchini
- 2 stktomatoes
- 2 TLPeines de fenugrec

préparation

- L'oignon, le gingembre et l'ail sont épluchés et finement hachés. Les piments sont également finement hachés après avoir été lavés.
- Les courgettes et les tomates sont lavées et coupées en tranches.
- Dans une friteuse, faites chauffer l'huile et faites revenir l'oignon, le gingembre, l'ail, le chili et la poudre de chili. Ajoutez ensuite les tranches de tomates et de courgettes et faites-les sauter pendant 6 minutes supplémentaires, en remuant constamment.
- Ajoutez maintenant les feuilles et les graines de coriandre et faites sauter pendant encore 5 minutes jusqu'à ce que les légumes soient cuits.
- Enfin, le tout est assaisonné de sel et de poivre et servi.

SPAGHETTI DE COURGETTES AVEC BRUNCH NATURE

INGRÉDIENTS

- 2   stgzucchini
- 1   PkBrunch   nature ou brunch équilibre herbes
- 1   prizesalt
- 2   ELoil
- 1   prixpoivre   fraîchement moulu
- 50   Gfeta
- 2Grana ou Parmesan   râpé
- 1   stkclove d'   ail

préparation

- Coupez les courgettes en fins "spaghettis" avec un spiralizer ou un zestzer. Commencez par la coquille, traitez la pulpe et laissez l'intérieur avec les graines. Faites-les frire dans une friteuse à air avec un peu d'huile à feu moyen, en remuant de temps en temps.
- Pour la sauce : hacher grossièrement l'intérieur de la courgette et la faire sauter dans une deuxième friteuse Air avec la gousse d'ail finement hachée. Brunch Nature ou Brunch Balance Ajouter les herbes et chauffer. Hacher la feta et mélanger. Assaisonner de sel et de poivre.

- Disposez les "spaghettis" de courgette dans des assiettes, ajoutez la sauce et saupoudrez de fromage Grana ou Parmesan fraîchement râpé.

COURGETTE TAMPON CÉTO

Ingrédients

- 1 kgzucchini
- 1 stklemon
- 1 prizesalt
- 4 stkeggs
- 100 G Graukäse
- 2 stkonion
- 2 ELa farine d' amande

Préparation

- Couper le citron en deux et le presser. Lavez les courgettes, râpez-les et mélangez-les avec le jus de citron et le sel pendant 30 minutes pour qu'elles se défassent.

- Epluchez les oignons et coupez-les en fins morceaux. Exprimez bien les légumes. Puis égouttez l'eau. Râper finement le fromage gris.
- Ajouter les œufs, le fromage, les oignons hachés et la farine d'amande. Mélangez bien. Chauffez l'huile dans une friteuse et faites frire de petites portions du mélange de courgettes dans la friteuse jusqu'à ce qu'elles soient dorées des deux côtés.

FRITEUSE À COURGETTES ET CHAMPIGNONS

Ingrédients

- 300 Gmushrooms
- 1 stkZucchini (grand)
- 3 Huile d' olive
- 1 prizesalt et poivre
- 1 shotVinaigre balsamique
- 0.5 PkHerbes italiennes (TK)

préparation

- Laver les courgettes et les champignons et les couper en tranches.
- Faites chauffer l'huile dans une friteuse et faites-y revenir les courgettes et les champignons.
- Saler, poivrer et déglacer avec un peu de vinaigre. Assaisonnez avec les herbes.

MELANZANI DE COURGETTES À TARTINER AUX NOISETTES

INGRÉDIENTS

- 200 G Melanzani
- 100 Gzucchini
- 4 Huile d' olive
- 2 ELJus de citron
- 150 mlsoupe de légumes
- 100 ml de crème fouettée
- 2 stkGousses d'ail

- 20 Ghazelnuts
- 0.5 TLcoriander
- 0.5 TLsea-sel
- 0.5 TLPoivre blanc

préparation

Coupez d'abord les melanzani et les courgettes en dés et émincez l'ail, puis faites rôtir les légumes dans l'huile dans une friteuse antiadhésive.

Versez maintenant la soupe de légumes, puis ajoutez l'ail et le jus de citron et faites frire pendant environ 15 minutes.

Ajouter la crème fouettée, porter à ébullition et assaisonner de sel et de poivre. Enfin, réduire le mélange en purée et le mélanger avec des noisettes hachées pendant 3-4 heures.

LÉGUMES ÉPINARDS

Ingrédients

- 500 Gspinach
- 1 stkpaprika
- 1 prizesalt et poivre
- 1 stkonion
- 3 stkGousses d'ail
- 2 Huile d' olive
- 3 ELtomato paste

préparation

- Nettoyer et laver les poivrons et les épinards et les couper en petits morceaux.
- Faites mijoter dans une casserole avec un peu d'eau pendant 10 minutes.
- Pendant ce temps, éplucher l'oignon et l'ail et les hacher finement. Faites-les frire dans une friteuse à air avec de l'huile et incorporez le concentré de tomates.
- Passez les légumes cuits au tamis et mettez-les dans la friteuse. Mélangez bien avec du sel et du poivre.

ŒUF AU PLAT SUR SALADE VERTE

Ingrédients

- 1 kpfsalad
- 1 prizesalt
- 1 prizeturmeric
- 1 ELHuile de pépins de courge
- 1 ELVinaigre balsamique
- 4 stkeggs
- 1 Huile de noix de coco TL

préparation

- Divisez d'abord la salade en petits morceaux, lavez-la et placez-la dans un saladier. Faites chauffer l'huile de noix de coco dans une friteuse pour les œufs au plat. Battez les œufs petit à petit et faites-les glisser doucement dans la friteuse. Lorsque le blanc de l'œuf est blanc, les œufs au plat sont prêts.

- Assaisonner la salade avec du sel et du curcuma, mariner l'huile de graines de courge et le vinaigre balsamique et bien mélanger. Puis servir dans des assiettes, couper soigneusement les œufs au plat en 4 morceaux et placer 2 œufs au plat sur la salade.

CHAMPIGNONS SAUTÉS

Ingrédients

- 200   Gmushrooms
- 2   ELbutter
- 1   prizesalt   et poivre
- 0.5   Fédérationparsley

Préparation

- Laver le persil, l'égoutter et le hacher finement.
- Nettoyer et couper les champignons en tranches. Faites-les sauter dans une friteuse à air avec du beurre.
- Assaisonnez avec du sel, du poivre et du persil.

ŒUFS BROUILLÉS AVEC JAMBON ET CHAMPIGNONS

Ingrédients

- 100   Gmushrooms
- 70   Gham
- 1   stkonion
- 1   TLbutter
- 4   stkeggs
- 1   prizesalt   et poivre

préparation

- Nettoyer les champignons et les couper en tranches. Épluchez les oignons et coupez-les en fins morceaux. Coupez le jambon en lanières.

- Faites chauffer le beurre dans une friteuse et faites-y revenir l'oignon. Ajouter les champignons et le jambon et laisser mijoter brièvement.
- Mélangez les œufs avec du sel et du poivre et videz-les sur la masse. Remuez et déchirez avec une fourchette.

ŒUFS BROUILLÉS AUX CHAMPIGNONS

Ingrédients

- 600   Gpotato
- 200   Gchanterelle
- 1   stgleek
- 70   GBacon (en dés)
- 1   ELoil
- 6   stkeggs
- 1   prizesalt   et poivre

préparation

- Peler les pommes de terre, les couper en cubes. Nettoyer les champignons, les laver, éventuellement les couper en petits morceaux. Laver le poireau et le couper en rondelles.

- Faites frire le bacon dans une friteuse à air avec de l'huile jusqu'à ce qu'il soit croustillant. Retirer. Faire rôtir les pommes de terre dans la graisse de bacon pendant 10 minutes en les faisant dorer. Ajouter les poireaux et les champignons, faire cuire encore 10 minutes.
- Fouetter les œufs, le sel, le poivre et verser dans les légumes. Incorporer la chaleur douce.

BOEUF RÔTI

Ingrédients

- 1   kg de rôti de bœuf
- 1   stkOil (pour la tôle)
- 1   prizesalt   et poivre
- Ingrédients pour la sauce rémoulade
- 120   GPickles (petit)
- 1   ELcapers
- 2   stk   Sardellnefilets
- 0.5   Fédérationchives

- 0.5 Fédération parsley
- 150 G mayonnaise
- 1 TL mustard
- 50 ml Eau de picots
- 1 prize salt et poivre

préparation

- Sécher le morceau de rosbif, le débarrasser du tendon cru avec le couteau et le frotter avec du sel et du poivre.
- Enduisez maintenant un plateau de friteuse d'huile (ou de graisse de beurre) et placez le rosbif, côté gras vers le haut, sur le plateau.
- Faites rôtir la viande dans une friteuse préchauffée (environ 220 degrés) pendant 15 minutes. Ensuite, réduisez la température à 200 degrés et faites frire pendant encore 30 minutes - la viande est encore rose à l'intérieur.
- Pour la sauce rémoulade, les cornichons sont coupés en petits dés, les câpres et les anchois finement hachés, les herbes rincées, la ciboulette et le persil finement hachés.
- Maintenant, ces ingrédients sont bien mélangés avec la moutarde, la mayonnaise, l'eau de concombre et assaisonnés de nouveau avec du sel et du poivre.

STEAK DE DINDE AUX LÉGUMES

Ingrédients

- 4   stkturkey   steak
- 2   ELoil
- 2   stkzucchini
- 1   stkcarottes
- 1   stkonion
- 1   shotwater
- 1   prizesalt   et poivre
- 1   stkpaprika

préparation

- Battre légèrement la viande de dinde à l'aide du maillet à viande. Assaisonnez de sel et de poivre des deux côtés. Faites sauter la viande dans l'huile chaude des deux côtés.
- Épluchez les légumes et coupez-les en cubes de 1 cm de côté. Mélangez les légumes dans un bol, assaisonnez de sel et de poivre et laissez mijoter.
- Mettez la viande dans un plat à gratin graissé, ajoutez les légumes et versez un filet d'eau.
- Faites cuire pendant 10 minutes dans une friteuse préchauffée.

DINDE EN TRANCHES AVEC KARFIOLPÜREE

Ingrédients

- 500 G Putenschnitzel
- 1 stkonion
- 250 Gmushrooms
- 250 Champignons de Paris
- 1 kgCarotte (congelée)
- 1 prizesalt
- 1 poivre de Cayenne
- 1 ELoil
- 250 Crème de cuisson GCooking (15% de matières grasses)
- 100 Fromage à la crème
- 1 noix de muscade primée
- 2 ELe persil haché

préparation

- Laver les blancs de dinde, les éponger et les couper en fines lamelles. L'oignon est épluché et coupé en fins cubes. Nettoyer les pleurotes et les champignons et les couper en deux ou en quatre, selon leur taille. Divisez la carotte en bouquets et faites-la cuire doucement dans l'eau bouillante pendant environ 6 à 8 minutes.

- Pendant ce temps, vous pouvez faire chauffer de l'huile dans une friteuse antiadhésive et y faire frire les lanières de dinde des deux côtés, assaisonnez-les de sel et de poivre et retirez-les. Faites ensuite frire les champignons dans la graisse en les retournant pendant environ 5 minutes. Après environ 3 minutes, ajoutez l'oignon et assaisonnez avec du sel. Vous pouvez maintenant remettre la viande dans la poêle et verser la crème, porter le tout à ébullition et laisser mijoter pendant environ 5 minutes.
- Passez la carotte au tamis et réduisez-la en purée avec le fromage frais à l'aide d'un mixeur manuel. La purée est assaisonnée de sel et de noix de muscade.
- Enfin, assaisonnez les tranches de sel et de poivre, saupoudrez de persil haché et servez avec la purée.

ROULEAU D'OMELETTE AVEC FROMAGE FRAIS ET SALADE

Ingrédients

- 6 stkeggs
- 50 Fromage à la crème
- 10 stkTomates cerises
- 00:25 stkPoivre rouge
- 00:25 paprika stkyellow
- 00:25 poivre vert stkg
- 00:25 stkcucumber
- 0.5 stkonion
- 3 brancheparsley
- 1 Huile TLolive
- 1 prizesalt
- 1 poivre de Cayenne

préparation

- Les légumes sont lavés. Les poivrons sont épépinés. Puis ils sont coupés en petits cubes. Coupez en deux les tomates cerises. Peler le concombre et le couper en fines tranches. L'oignon est également épluché et coupé en

- petits dés. Vous pouvez maintenant mélanger les légumes dans un bol et ajouter les feuilles de persil.
- Quatre des œufs sont séparés et seuls les blancs d'œufs sont placés dans un bol. Les deux derniers œufs sont donnés complètement. Maintenant, une autre dose d'eau minérale entre en jeu et tout est fouetté avec le fouet.
- Faites chauffer de l'huile dans une friteuse antiadhésive. Ajoutez le mélange d'œufs dans la friteuse et assaisonnez de sel et de poivre. Remuez l'œuf à feu moyen jusqu'à ce qu'il ne soit plus que légèrement liquide à la surface. Ensuite, il est retourné.
- Enfin, l'omelette terminée est tartinée de fromage frais, les légumes sont répartis au milieu et l'omelette est roulée. Elle peut maintenant être servie.

COURGETTES MARINÉES

Ingrédients

- 250   Gzucchini
- 1   stkonion
- 3   Huile d'   olive
- 2   ELJus de   citron

préparation

- Laver les courgettes et les couper en plumes de l'épaisseur d'un doigt. Peler l'oignon et le couper en dés. Les deux dans une friteuse à air avec de l'huile chaude à feu vif, en les retournant, pour les faire dorer.
- Mélangez le jus de citron avec l'huile d'olive et le sel. Arrosez-en les courgettes renversées.

FILET DE SAUMON AVEC RIZ ET POISSON

Ingrédients

- 250   Filet de   saumon
- 1   shotHuile   pour la friteuse
- 0.5   stkLemon   , jus
- 1   prizesalt
- 1   prixPoivron   , frais
- Ingrédients pour le riz
- 200   Riz GBasmati
- 1   prizesalt
- 400   mlwater
- 1   ELoil
- Ingrédients pour la panure
- 1   stkegg
- 1   ELFlour
- 0.5   Fédérationchives
- Ingrédients pour les haricots
- 250   Haricots   verts
- 1   prizesalt
- 0.5   ELbutter

préparation

- Pour le filet de saumon au riz et au poisson, faites sauter le riz dans l'huile, versez l'eau, salez, couvrez et portez à ébullition. Placez ensuite dans la friteuse préchauffée à 180 ° pendant 20 minutes.
- Mettez le poisson dans une friteuse, couvrez-le d'eau et faites-le cuire pendant 10 minutes, salez. Puis égouttez l'eau chaude. Faites chauffer le beurre dans une friteuse et faites-y frire le poisson.
- Laver le saumon et l'éponger avec du papier absorbant, assaisonner avec du sel et du poivre. Coupez la ciboulette en fins rouleaux, fouettez l'œuf. Ajoutez la ciboulette à la farine et mélangez.
- Pressez le citron et affinez le saumon. Tournez d'abord les morceaux de saumon dans le mélange ciboulette-farine, puis passez-les dans l'œuf fouetté.
- Dans une friteuse, faites chauffer l'huile et faites frire le saumon jusqu'à ce qu'il soit croustillant pendant 5 minutes. Répartissez le poisson avec le Fisolen et le riz dans des assiettes et servez.

FILET DE SAUMON AVEC UN GLAÇAGE AU MIEL

Ingrédients

- 4 filets de saumon d'étain
- 3 ELbutter
- 1 prizesalt et poivre
- 4 ELhoney

préparation

- Salez et poivrez d'abord le filet de saumon.
- Faites chauffer le beurre dans une friteuse. Ajoutez les filets de saumon et faites-les frire des deux côtés à feu moyen. Après les avoir retournés, saupoudrez-les de miel et retournez-les à la fin pendant environ 15 secondes et faites-les frire du côté du miel.

ŒUFS BROUILLÉS AUX HERBES

Ingrédients

- 4 stk eggs
- 120 G ham
- 2 Huile d' olive
- 1 prize salt et poivre
- 0.5 Pk Herbes (TK)

préparation

- Fouettez les œufs avec les herbes et les épices.
- Coupez le jambon en fines lanières et faites-le revenir brièvement dans la friteuse, puis ajoutez le mélange d'œufs et d'herbes. Laissez reposer brièvement.

CUISSE DE POULET SUR CUBES DE POMMES DE TERRE

Ingrédients

- 4 cuisses de poulet stk
- 500 Gpotato
- 4 ELBouillon de poulet
- 2 stkGousses d'ail
- 00:25TLsalt
- Ingrédients pour le mélange d'épices
- 1 prizesalt
- 1 ELMélange d' épices (oriental)
- 1 Huile de colza

préparation

Pour la cuisse de poulet sur cubes de pommes de terre, lavez les pommes de terre, épluchez-les et coupez-les en cubes.

Ensuite, pelez les gousses d'ail, coupez-les en deux et retirez la pousse intérieure, puis écrasez-les finement.

Mélangez les cubes de pommes de terre avec le bouillon de poulet, le sel et l'ail et versez-les dans une friteuse à air.

Le mélange d'épices orientales avec le mélange d'huile et de sel. Lavez les cuisses de poulet et séchez-les bien, placez-les sur les cubes de pommes de terre avec la face inférieure vers le haut et tartinez-les avec la moitié du mélange d'épices. À 180 ° C, ajoutez de l'air chaud dans la friteuse pendant environ 20 minutes.

Tournez ensuite les clubs et enduisez-les de l'autre moitié du mélange d'épices. Faites cuire pendant encore 20 minutes à 180 ° de chaleur haut / bas.

COLONNES DE HOKKAIDO

Ingrédients

- 1 stkCitrouille de Hokkaido
- 1 prizesalt
- 1 prizeturmeric spice
- 100 huile mlolive
- 1 poivre de Cayenne

préparation

Lavez le potiron, épongez-le et coupez-le en deux. Utilisez ensuite une cuillère à soupe pour enlever les graines et éventuellement la chair légèrement fibreuse du potiron. Coupez ensuite en colonnes.

Placez les tranches sur une plaque recouverte de papier sulfurisé, arrosez-les d'huile d'olive. Salez, poivrez et affinez avec l'épice de curcuma.

A 180 degrés, pendant environ 40 minutes, faites cuire à la chaleur supérieure et inférieure. Il n'est pas nécessaire de retourner les tranches de potiron.

CHIPS AU BACON DE GURKTALER

Ingrédients

- 100   G   Bacon séché à l'air de Gurktaler
- 0.5   Assaisonnement   ELbarbecue

préparation

Pour les chips de lard du Gurktaler, coupez le lard en tranches très fines.

Préchauffez la friteuse à 200 ° C par convection et disposez une plaque à pâtisserie avec du papier sulfurisé. Mettez le bacon dessus. Assaisonnez avec l'épice et mettez la plaque dans la friteuse pendant environ 10-12 minutes. La friture est croustillante !

Puis retirez de la friteuse, égouttez sur du papier absorbant l'excès de graisse et servez.

ROULADE FARCIE À LA SAUGE ET AU BACON

Ingrédients

- 8ème longe storkpork
- 10 Feuilles de gsage
- 8ème SchBbacon
- 1 prizesalt
- 1 poivre de Cayenne
- 100 mlHuile de tournesol

préparation

Pour la roulade de bacon farcie à la sauge, piler un peu le porc, saler et poivrer.

Lavez les feuilles de sauge. Mettez-les sur un linge et séchez-les en tapotant.

Mettez ensuite les feuilles de sauge et le lard sur la viande et faites-en une roulade.

Faites chauffer l'huile dans une friteuse à air et faites frire les paupiettes.

Remettez ensuite la cuisinière en marche et faites rôtir les paupiettes pendant encore 20 minutes à feu moyen.

SANDRE FRIT À L'AIL

Ingrédients

- 4 stk Filets de sandre
- 0.5 stkLemon le jus de celui-ci
- 2 ELbutter
- 2 prizesalt
- 3 stkGousses d'ail
- 1 poivre de Cayenne

préparation

Pour le sandre frit à l'ail, assaisonnez d'abord le filet de poisson avec du sel, du poivre et du jus de citron.

Hacher l'ail en fins morceaux et en faire mijoter une partie dans une friteuse, dans du beurre chaud. Faites frire les filets de sandre des deux côtés dans le beurre à l'ail.

Ajoutez le reste de l'ail au poisson peu avant la fin du temps de cuisson et laissez les filets mijoter pendant quelques minutes.

ZUCCHINI CUITS

Ingrédients pour 4 portions

- 3 stkzucchini
- 1 prizesalt et poivre
- 90 GFlour
- 1 Huile de cupolive

préparation

- Lavez, nettoyez et coupez les courgettes en tranches.
- Salez et poivrez la farine. Faites chauffer beaucoup d'huile dans une friteuse.
- Tremper brièvement les tranches de légumes dans l'eau froide, les plonger dans la farine et les faire cuire des deux côtés dans l'huile bouillante jusqu'à ce qu'elles soient complètement croustillantes.
- Egouttez et servez.

FRITEUSE DE LÉGUMES AU FENOUIL ET AU CURCUMA

Ingrédients

- 1 stkOnion (rouge)
- 1 stkfennel
- 0.5 kpfbroccoli
- 0.5 kpfcauliflower
- 2 stkPoivron (rouge)
- 50 ml d' huile de pépins de raisin
- 1 ELturmeric
- 1 prizesalt
- 1 EL Livèche (séchée)
- 1 poivre de Cayenne

Préparation

Laver le fenouil et le couper grossièrement, laver le brocoli et la carjelle et les couper également grossièrement, laver et couper les poivrons, éplucher l'oignon et le couper en petits morceaux.

Faites chauffer l'huile de canola dans une friteuse et faites frire les légumes entiers dans la friteuse pendant 30 minutes.

Salez et poivrez, saupoudrez de curcuma, mélangez et enfin saupoudrez de livèche sur le plat fini.

RÔTI DE BŒUF FIN AUX CÈPES

Ingrédients

- 4   bœuf rôti
- 600   G   ceps
- 2   stkonion
- 1   stkclove d'   ail
- 5   Huile de   cuisson EL
- 0.5   TLsalt
- 1   prixPepper   White

Préparation

Tout d'abord, nettoyez les champignons et hachez-les finement. Coupez l'oignon en dés et l'ail en fines lamelles.

Assaisonnez ensuite la viande avec du sel et du poivre, dans une friteuse à air enduite, faites-la revenir des deux côtés dans 2 cuillères à soupe d'huile pendant 2 minutes, en la retournant plusieurs fois. Ensuite, faites cuire sur une feuille recouverte de papier d'aluminium pendant environ 6 minutes à 180 ° C dans une friteuse préchauffée. Enfin, laissez reposer le rosbif dans la friteuse pendant environ 5 minutes dans la friteuse.

Dans le reste de la sauce, ajoutez une autre cuillère à soupe d'huile, faites frire le bacon et réchauffez-le dans la friteuse.

Ajoutez ensuite 2 cuillères à soupe d'huile dans la friteuse et faites-y revenir l'oignon et l'ail. Ajoutez les cèpes et faites-les rôtir jusqu'à ce que le jus des cèpes se soit évaporé. Remuez plus souvent.

Mettez les champignons dans l'assiette, posez la viande dessus et couvrez avec le lard. Affinez avec la sauce tartare et servez comme vous le souhaitez.

RÔTI HACHÉ AVEC ŒUF

Ingrédients

- 500 G Faschiertes (mixte)
- 1 prizesalt
- 1 ELHerbes (mélangées, fraîches)
- 1 poivre de Cayenne
- 200 Miettes de pain
- 1 stkegg
- 2 stkEggs (à remplir)
- 1 stkOnion (moyen)
- 1 stkgarlic
- 100 mlHuile pour la friteuse

- 1   prix   Flocons de piment (épicé)

préparation

Faites cuire les œufs dans de l'eau salée pendant environ 10 minutes avec de l'eau bouillante. Rafraîchir ensuite à l'eau froide et peler.

Mettez les minions dans un bol. Peler et hacher l'oignon et l'ail, les ajouter à la viande hachée. Ajoutez le sel, le poivre, le piment, la chapelure, l'œuf et les herbes. Bien mélanger le tout avec une cuillère en bois.

Sur une planche, formez un rectangle avec le minion. Placez les œufs au centre du rectangle et enveloppez-les avec le mélange.

Dans une friteuse, faites chauffer l'huile, faites frire la viande hachée en la retournant plusieurs fois. Ensuite, placez-la dans un moule approprié et huilé (avec couvercle) et faites-la frire dans la friteuse pendant environ 30 minutes, à 180 °C, à l'air chaud.

CUBES DE SAUMON À L'ASIATIQUE AVEC BROCOLI

Ingrédients

- 250 GS Filet de saumon (sans peau)
- 1 Huile de sésame
- 1 stk Gousse d'ail (finement hachée)
- 1 Sauce EL soy
- 2 EL sake

préparation

Faites revenir l'ail dans un peu d'huile d'olive jusqu'à ce qu'il devienne vitreux. Ajoutez maintenant le saumon et l'huile de sésame et faites sauter. Ajoutez ensuite 3 cuillères à soupe d'eau, le saké et la sauce soja et laissez mijoter.

Divisez le brocoli en petits bouquets et faites-le mijoter dans de l'eau bouillante. Puis faire frire à l'air libre dans une friteuse avec 1 cuillère à soupe de beurre et des amandes grillées. Terminé.

LÉGUMES DE BASE

Ingrédients

- 250   GSGraines de tournesol
- 2   stkcarottes
- 1   stgcelery
- 4   oignon stkspring
- 1   stkpaprika
- 1   FédérationHerbes
- 0.5   TLsea-sel
- 3   Huile d'   olive

préparation

Mettez les graines de tournesol dans l'eau la veille.

Laver les carottes, le céleri, les poivrons et les oignons, les nettoyer et les couper très petits. Laver les herbes, les égoutter et les hacher finement.

Maintenant, passez le tout au mixeur jusqu'à ce que tout soit bien mélangé.

Assaisonnez avec du sel de mer puis formez un pain avec votre main et faites-le frire des deux côtés avec un peu d'huile d'olive dans la friteuse.

REMPLI DE MELANZANI

Ingrédients

- 8ème stk Melanzani
- 2 EL' huile végétale
- 4 stkonion
- 2 stkGousses d'ail
- 2 stk piment
- 1 stkzucchini
- 120 Crème de noix de coco
- 2 stkThai basilic
- 1 Fédérationcoriander
- 4 ELSoy sauce brillante

préparation

Pelez l'ail et coupez-le en petits morceaux. Pelez l'oignon et coupez-le en cubes. Lavez le piment et coupez-le en petits morceaux avec un couteau bien aiguisé. Lavez la courgette et coupez-la en petits morceaux. Lavez le basilic, secouez-le et hachez-le finement. Chauffez la friteuse à 180 degrés. Faites cuire les melanzani pendant 10 minutes. Sortez-les, coupez-les en deux et creusez-les.

Faites chauffer l'huile dans une grande sauceAir fryer . Faire revenir les oignons, l'ail et le piment pendant 3 minutes. Ajouter les courgettes et la pulpe de melanzani. Mélangez la sauce soja, la crème de coco et le basilic et laissez mijoter pendant 3 minutes.

Ajoutez le mélange aux Melanzani. Faites cuire pendant encore 5 minutes dans la friteuse.

FILET DE SAUMON SUR COURGETTES

Ingrédients

- 1   poivre de Cayenne
- 2   filet de saumon stks
- 300   Gzucchini
- 1   prizesalt
- 1   poivre de Cayenne
- Ingrédients pesto
- 90   Gbasil
- 2   Les noix d'   ELpine
- 1   stkclove d'   ail
- 40   GParmesan (râpé)
- 90   huile   mlolive
- 1   prizesalt

préparation

Pour le pesto, mélangez l'huile d'olive, les pignons de pin, la gousse d'ail pelée et hachée, le parmesan et le basilic et écrasez-les bien avec le mixeur manuel. Puis on assaisonne le tout avec du sel et du poivre.

Les filets de saumon sont assaisonnés de sel et de poivre, puis frits des deux côtés dans une friteuse à air avec un petit filet d'huile.

Pendant ce temps, couper les courgettes lavées en lanières dans le sens de la longueur.

Les légumes coupés en tranches sont maintenant sautés dans une deuxième friteuse avec un peu d'huile et assaisonnés de sel.

Enfin, les lamelles de courgettes sont servies dans une assiette, le filet de saumon est placé dessus et le tout est recouvert de pesto.

FILET DE SAUMON AVEC GRATIN DE COURGETTES

Ingrédients

- 4 filets de saumon d'étain
- 2 Huile d' olive
- 2 prizesea-sel
- 2 prixPoivre, fraîchement moulu
- 2 Huile d' olive
- Ingrédients pour le gratin
- 4 stkeggs
- 2 stkzucchini
- 200 ml de crème fouettée
- 140 Gbutter
- 100 mlmilk

préparation

Préchauffez d'abord la friteuse à 180 ° C par convection. Séparez les courgettes en fines tranches à l'aide d'un coupe-légumes, fouettez les œufs avec la crème fouettée, le sel et le poivre.

Maintenant, graissez 4 petits plats à gratin avec une demi-cuillère à soupe d'huile et coupez-y des courgettes, puis étalez la garniture aux œufs et gratinez le tout pendant 25-30 minutes.

Faites chauffer l'huile d'olive dans une friteuse antiadhésive et faites frire le poisson côté peau, puis retournez-le. Faites cuire le poisson pendant 2 à 3 minutes, puis il reste vitreux à l'intérieur. Servez avec du sel et du poivre assaisonné de lentilles.

POISSON MARINÉ DANS LE WOK

Ingrédients

- 600   Filets de poisson
- 1.5   Cuprice
- 1   Glassmorels
- 4   Huile de sésame
- 2   Sauce ELsoy
- 1   ELhoney
- 200   Gokra
- 100   GPaprika, jaune
- 100   Poivre GRed
- 150   Germes de haricot
- 3   stkcarottes
- 2   stkGousses d'ail
- 1   stk Piment rouge

préparation

Coupez d'abord le poisson en morceaux et faites-le mariner avec de l'huile, de l'ail, du piment, du miel et de la sauce soja pendant environ 1 heure.

Pendant ce temps, préparez le riz : mesurez l'eau selon les instructions de l'emballage et portez à ébullition. Ajoutez le riz au jasmin, éteignez le feu et laissez le riz gonfler pendant environ 20 minutes (ou selon les instructions figurant sur l'emballage). Vous pouvez également préparer le riz à l'aide d'un cuiseur de riz.

Maintenant, épluchez les carottes en rondelles ou coupez le paprika en bandes, coupez le gombo en petits morceaux.

Saisir le poisson dans l'huile de sésame dans le wok et le retirer. Faire rôtir les légumes et ajouter le poisson. Assaisonner de sauce soja et servir avec du riz.

SOUPAPE DE LÉGUMES

Ingrédients

- 2   Huile d'   olive
- 1   stkonion
- 3   TLchili   en poudre
- 1   stkcarotte
- 2   stkpotatoes
- 300   Gtomatoes
- 1   Soupe aux   légumes
- 1   boîteHaricots   rouges
- 130   Gpeas
- 1   canCorn

- 70 G Fromage crème fraiche
- 1 prizesalt
- 1 poivre de Cayenne
- 1 shotSauce salsa

préparation

Faites d'abord chauffer l'huile dans une friteuse à sauceAir et faites-y revenir les oignons hachés. Ajoutez ensuite la poudre de chili et mélangez bien.

Faites ensuite revenir la carotte hachée, les pommes de terre en dés et les tomates en tranches pendant 2-3 minutes. Déglacez les légumes avec la soupe et faites cuire à feu moyen avec couvercle pendant 20 minutes.

Enfin, ajoutez le maïs, les pois et les haricots et faites cuire la soupe pendant encore 10 minutes. Pour épaissir la soupe, ajoutez la crème fraîche et assaisonnez avec le sel, le poivre et la sauce salsa.

SALADE DE RÔTI DE BŒUF

Ingrédients

- 500   Gbeef
- 1   prizesalt
- 1   poivre de Cayenne
- 450   G   Fusilli
- 2   Jus de   chaux
- 2   La sauce   ELfish
- 2   TLhoney
- 4   oignon stkspring
- 1   stkcucumber
- 3   stktomato
- 1   Fédérationmint

préparation

Lavez l'oignon de printemps et coupez-le en petits morceaux. Lavez, épluchez et coupez le concombre en dés. Lavez les tomates et coupez-les en quatre. Lavez la menthe, secouez-la et hachez-la finement.

Faites chauffer le gril à 230 degrés. Lavez la viande, tamponnez-la, salez et poivrez. Mettez-la sur le gril chaud et faites-la frire pendant 3-4 minutes de chaque côté. Laissez reposer pendant environ 5 minutes et coupez en tranches très fines à travers la fibre avec un couteau très aiguisé.

Faites bouillir une grande casserole d'eau et faites cuire les nouilles selon les indications du fabricant. Égouttez-les à travers une passoire, remettez-les dans la friteuse et mélangez-les avec un peu d'huile d'olive. Prévoir une petite casserole et mélanger le jus de citron vert, la sauce de poisson et le miel. Laissez mijoter à feu doux pendant 2 minutes. Ajoutez les légumes coupés en tranches et mélangez-les bien avec la sauce. Ajouter la viande et mélanger à nouveau. Assaisonnez avec un peu de sel et de poivre.

Disposez les pâtes dans des assiettes profondes et répartissez-y le rosbif de manière appétissante.

OMBLE AVEC POLENTA AUX CHAMPIGNONS

Ingrédients

- 4 filets d'escargot
- 0.75 Soupe aux légumes
- 150 G ceps
- 100 Du gruau de maïs
- 3 ELbutter
- 2 ELoil
- 4 TLFlour
- 0.5 TLsalt
- 2 poivre de Cayenne

préparation

Tout d'abord, nettoyez les cèpes et coupez-les en morceaux. Faites fondre le beurre et portez à ébullition avec la soupe, la polenta et les cèpes ; faites gonfler pendant quelques minutes à feu doux.

Retirez maintenant la polenta du feu et laissez-la reposer pendant environ 10 minutes. Assaisonnez avec du sel, du poivre, du romarin et du thym.

Pendant ce temps, laver les filets de poisson, les éponger et les saler. Saupoudrez le poisson de farine sur le côté peau et faites-le frire avec un peu d'huile dans une friteuse antiadhésive sur le côté peau pour le rendre croustillant. Retournez-le et laissez-le reposer sur ce côté sans chaleur.

SAUMON AU SÉSAME AVEC BROCOLI ASIATIQUE

Ingrédients

- 4 stkFilets de saumon avec peau (environ 170 g)
- 1 prizesalt
- 1 ELWasabi
- 80 GS Graines de sésame
- 2 ELoil
- Ingrédients pour le brocoli
- 1 kgfrozen broccoli
- 1 prizesalt
- 2 stkGousses d'ail
- 1 stkGinger (taille d'une noix)
- 2 piments forts
- 1 ELoil
- 3 Sauce ELsoy
- 1 jus de citron vert

préparation

Portez de l'eau salée à ébullition dans une saucière et faites-y bouillir le brocoli pendant 4 à 5 minutes jusqu'à ce qu'il soit ferme.

Pendant ce temps, vous pouvez laver les filets de saumon et les éponger avec du papier absorbant. Ensuite, ils sont salés du côté de la viande et enduits de wasabi. Placez ensuite les graines de sésame sur une assiette plate et appuyez sur le saumon avec le côté enduit. Faites chauffer de l'huile dans une friteuse antiadhésive et faites frire le saumon du côté de la peau pendant environ 5 minutes. Puis retournez-le et faites-le frire du côté sésame pendant environ 2 à 3 minutes.

Pendant ce temps, vous pouvez égoutter le brocoli et l'égoutter. L'ail et le gingembre sont épluchés et finement hachés. Les piments sont coupés en deux dans le sens de la longueur et les noyaux sont retirés. Les gousses sont lavées et coupées en fines lamelles.

Dans une casserole d'huile chauffée. On y fait mijoter l'ail, le gingembre et le piment pendant environ 2 minutes. Puis les fleurettes de brocoli sont doucement remuées. Avec la sauce soja est goûté et couvert tout environ 2 minutes mijoté. Enfin, le brocoli est arrosé de jus de citron vert et servi avec le saumon au sésame.

ZOODLES AVEC SAUCE AU PAPRIKA ET AUX AMANDES

Ingrédients

- 2 stkonions
- 2 stkGousses d'ail
- 1 stk piment
- 1 stkPoivre rouge
- 1 poivre jaune
- 2 Huile d' olive
- 50 Beurre d'amande
- 150 mlLait d' amande
- 2 stkbig zucchini
- 1 prizesalt
- 1 poivre de Cayenne

préparation

Pelez les oignons et l'ail et coupez-les en petits cubes. Lavez bien les piments et coupez-les en petits morceaux. Lavez également bien les poivrons et coupez-les en dés.

Ensuite, ajoutez 2 cuillères à soupe d'huile d'olive dans une friteuse à air et ajoutez les légumes pendant environ 5 minutes. pour les braiser. Pendant ce temps, réduire en purée la pâte d'amande et le lait d'amande dans un mixeur jusqu'à l'obtention d'une sauce crémeuse.

Coupez les courgettes en longues et fines lanières à l'aide d'un "éplucheur" ou d'un coupeur en spirale et ajoutez-les aux autres légumes dans la friteuse et laissez mijoter pendant 3 minutes supplémentaires jusqu'à ce qu'elles soient fermes.

Ajoutez maintenant une pincée de sel et de poivre et servez les Zoodles avec la sauce aux amandes.

FRITEUSE À RATATOUILLE

Ingrédients

- 1/2 petit po poiv du jaune, du vert et du rouge
- 1 courgette
- 50 g mushrooms
- 1 gousse d'ail
- 1 tige de romarin
- 2 tiges de thym
- 1 tomate
- 1 cuillère à café d'huile d'olive
- sel
- poivre
- 3 cuillères à soupe de jus de tomate
- 1 tbsp black olives with stone

préparation

Nettoyer et laver les poivrons et les couper en morceaux. Laver, nettoyer et couper en tranches les courgettes. Nettoyer les champignons, les nettoyer et les couper en deux. Pelez, coupez en deux ou en morceaux l'ail. Laver les herbes, les secouer pour les sécher et les effeuiller. Laver la tomate, la râper à sec et la couper en petits morceaux.

Faites chauffer l'huile dans un grand Air Fryer antiadhésif. Faites rôtir les poivrons, l'ail, les tranches de courgette, le romarin et les champignons pendant environ 4 minutes. Assaisonnez avec du sel et du poivre. Ajoutez le thym, le jus et le cube de tomate et les olives. Faites frire pendant encore 1 minute et assaisonnez avec du sel et du poivre.

CHOU-FLEUR TANDOORI

Ingrédients

- 2 bâtons de cannelle
- 1 tbsp cardamom capsules
- 4 cuillères à café de cumin
- 2 tbsp coriander seeds
- 1 cuillère à café de clous de girofle
- 1TL grated nutmeg
- 2 cuillères à café de poivre de Cayenne
- 2 cu cuillères à soupe de cur cur cur cur curé moulu
- 2 cuillères à soupe de poivron doux
- 1 tête de chou-fleur (environ 1 kg)
- 4 gousses d'ail

- d'un morceau de la taille d'une no de de g g g g g g g
- Le jus d'un citron
- 1-2 cuillères à café de sel
- 600 g de y y y y y au lait entier
- 1/2 bouquet de menthe
- 3 cuillères à soupe d'huile
- Tranches de citron pour servir
- papier sulfurisé

préparation

Couper les bâtons de cannelle pour le mélange d'épices tandoori. Broyer finement ou écraser la cardamome, le cumin, les graines de coriandre, les clous de girofle et la cannelle dans un moulin à épices ou un mortier. Mettez les épices écrasées avec la noix de muscade, le poivre de Cayenne, le curcuma et le paprika dans un bocal à couvercle vissé et secouez jusqu'à ce que tout soit mélangé.

Nettoyer le chou-fleur, le laver et enlever les feuilles extérieures. Peler l'ail et le gingembre, les couper en morceaux. Râper finement ou écraser le gingembre et l'ail. Mélangez dans un bol avec 1 EL de mélange d'épices Tandoori, le jus de citron et 1 cuillère à café de sel. Incorporer 150 g de yaourt. Recouvrir le chou-fleur dans un bol avec la marinade tout autour, couvrir et laisser mariner pendant environ 1 heure et demie.

Placez le chou-fleur sur une plaque de cuisson recouverte de papier sulfurisé. Faites cuire dans un four préchauffé (cuisinière électrique : 200 °C / air pulsé : 175 °C / gaz : voir fabricant) pendant environ 45 minutes. Réduisez ensuite la température du four (cuisinière électrique : 175°C / air pulsé : 150°C / gaz : voir fabricant) et laissez cuire pendant environ 30 minutes, à la fin faites une dégustation avec un petit couteau pointu.

Pendant ce temps, laver la menthe, la secouer pour la sécher, enlever les feuilles et la hacher. Mélangez les 3/4 de la menthe, l'huile et l'autre yaourt, assaisonnez à votre goût avec un peu de sel et de poivre. Retirer le chou-fleur, le disposer sur une assiette, parsemer du reste de la menthe et servir avec des quartiers de citron. Le reste du mélange d'épices se conserve enfermé dans un endroit sombre pendant environ 6 mois.

CASSEROLE D'AUBERGINES AU YAOURT AVEC DES BOULETTES DE VIANDE

Ingrédients

- 600 g of eggplant
- 800 g de tom tom tom tom tom tom tom tom tom tom tom tom tom
- sel
- 10 tiges de th th th th th th d
- 2 gousses d'ail
- 250 g of skimmed yogurt
- 4 œufs
- 1 petit oignon
- 250 g lamb mince
- 3 tiges de menthe
- 1 tbsp Harissa
- 1 cuillère à soupe de moutarde

- Huile pour le moule

préparation

Laver les aubergines et les tomates, les nettoyer et les couper en tranches. Saler légèrement les tranches d'aubergines. Laver le thym, le sécher en le secouant et enlever les feuilles des tiges. Peler 1 gousse d'ail et la hacher finement. Fouetter le yaourt, les œufs et le thym, sauf pour le saupoudrage.

Sécher les aubergines en les tamponnant. Disposer les tranches d'aubergines et de tomates en alternance dans un moule huilé allant au four. Recouvrir de lait d'œuf. Dans le four préchauffé (cuisinière électrique : 200 ° C / air pulsé : 175 ° C / gaz : voir fabricant), faites cuire pendant environ 50 minutes.

Pelez l'oignon et l'ail restant et coupez-les en petits dés. Laver la menthe, la secouer pour la sécher, séparer les feuilles des tiges et la hacher finement. Pétrissez le hack, la menthe, les cubes d'oignon et d'ail, la harissa et la moutarde pour obtenir une pâte lisse. Assaisonnez de sel. Former 20 petites boulettes de viande et les répartir après environ 20 minutes sur la cocotte.

Retirer la cocotte du four, laisser reposer à couvert pendant environ 10 minutes, couper en portions, disposer et saupoudrer de thym.

OMELETTE AUX ARTICHAUTS

Ingrédients

- 2 échalotes
- 1 can of artichoke bottoms
- 20 g of butter
- 4 t tiges d'est l'estragon
- 50 g of Parmesan cheese
- 8 œufs
- sel
- poivre

préparation

Pelez les échalotes et coupez-les en dés. Egoutter les fonds d'artichauts et les couper en lamelles. Faites chauffer la graisse dans un Air Fryer allant au four. Faites-y braiser les artichauts pendant environ 6-7 minutes. Faites revenir les échalotes pendant les 2-3 dernières minutes, en remuant plusieurs fois.

Laver l'estragon, le secouer et enlever les feuilles. Placer le parmesan. Fouettez les œufs dans un bol. Assaisonnez de sel et de poivre et incorporez les feuilles d'estragon.

Mettez la masse d'œufs dans l'Air Fryer et couvrez à feu vif et faites chauffer pendant 1 à 2 minutes. Saupoudrez les copeaux de parmesan sur l'omelette et faites cuire pendant 15-20 minutes dans un four préchauffé (cuisinière électrique : 175 ° C / air pulsé : 150 ° C / gaz : voir fabricant). Servez chaud ou froid avec une salade verte.

POULET AU MIEL AVEC FENOUIL ET CHAMPIGNONS

Ingrédients

- 2 tuberc tuberc tubercules de fen fenouil
- 500 g mushrooms
- 4 tiges de thym
- 1 tbsp lemon juice
- 1-2 cu cu cu cu cu cu cu cu du miel liquide
- sel
- poivre
- 4 filets de poulet (à env. 175 g)
- 6 cuillères à soupe d'huile

préparation

Laver le fenouil, le nettoyer, mettre le vert de côté. Couper les tubercules en deux. Découpez le pédoncule de manière à ce que les feuilles restent collées les unes aux autres. Coupez les moitiés en fines tranches. Nettoyer les champignons, les nettoyer et les couper en deux ou en quatre selon leur taille. Laver le thym, le secouer et le hacher finement. Mélanger le jus de citron, 1 litre d'eau, le miel et le thym, saler et poivrer. Laver le poulet, l'éponger et le badigeonner de la marinade au miel et au thym.

Faites chauffer 2 cuillères à soupe d'huile dans un Air Fryer . Faites frire les filets de poulet à feu moyen en les retournant pendant 10 à 12 minutes. Dans un autre Air Fryer, faites chauffer 4 cuillères à soupe d'huile. Faites frire les champignons dans un Air Fryer pendant environ 5 minutes. Ajoutez les tranches de fenouil aux champignons et faites-les frire pendant environ 5 minutes. Assaisonnez avec du sel et du poivre. Disposez les filets de poulet et les légumes sur des assiettes et garnissez-les de feuilles de fenouil.

JEUNES LÉGUMES BRAISÉS AVEC DU JAMBON FUMÉ

Ingrédients

- 4 jeunes car car jeunes
- 8 oignons de printemps
- 4 small turnips
- 30 g butter
- 150 g (young) peas
- 2 cuillères à café de sucre de canne
- 150 ml vegetable broth
- 3 tranches épaisses de jambon cuit
- sel
- poivre fraîchement moulu

préparation

Nettoyer les carottes et les navets et les couper en morceaux. Nettoyer les oignons et enlever le pédoncule, jusqu'à 2 cm.

Faites fondre 20 g de beurre dans une cocotte (mousseux). Ajouter les légumes (y compris les petits pois) et le sucre et faire revenir pendant 8 à 10 minutes en remuant. Ajouter le bouillon et laisser mijoter. (Le bouillon doit être évaporé et les légumes doivent être tendres).

Coupez le jambon en lanières et faites-le sauter avec le reste du beurre dans un Air Fryer pendant environ 5 minutes de chaque côté. Assaisonnez avec du poivre et mettez de côté.

Après environ 20 minutes, retirez le couvercle de la cocotte et laissez réduire pendant environ 5 minutes.

Si nécessaire, réchauffez le jambon juste avant de servir et ajoutez-le aux légumes.

ESCALOPE DE DINDE AU PAPRIKA ET AUX MANGETOUTS

Ingrédients

- 500 g turkey schnitzel
- 150 g of mangetout peas
- 4 oignons de printemps
- 200 g of frozen peas
- Sel, 6 tiges de persil
- 1 cuillère à soupe d'huile
- 1 cuillère à café de poudre de paprika doux et sucré
- 200 g cream
- 1-2 cuillères à café de moutarde
- sel
- poivre

préparation

Coupez l'escalope en lanières. Lavez le mangetout. Lavez les oignons nouveaux, nettoyez-les et coupez-les en tranches obliques. Blanchir les petits pois et les mangetouts pendant environ 3 minutes dans de l'eau bouillante salée. Egouttez-les et passez-les brièvement sous l'eau froide. Laver le persil, le secouer pour le sécher et couper les feuilles en petits morceaux.

Faites chauffer l'huile dans un Air Fryer . Faites rôtir les lanières de dinde pendant environ 3 minutes jusqu'à ce qu'elles soient dorées. Retirez la viande et ajoutez les légumes dans l'Air Fryer . Faites sauter les légumes pendant 1 à 2 minutes, puis saupoudrez-les de poudre de paprika et faites-les cuire brièvement. Ajoutez la crème et la moutarde et laissez mijoter pendant environ 2 minutes. Ajoutez la viande et le persil. Faites bouillir et assaisonnez avec du sel, du poivre et du paprika. Le riz est délicieux.

PIZZA MEATLOAF

Ingrédients

- 100 g of dried tomatoes
- 2 oignons
- 4 gousses d'ail
- 1 kg de viande hachée mélangée
- 1 c.c. chacun de pers pers pers perse et th th thym séchés
- 2 cuillères à café de moutarde piquante moyenne
- sel
- poivre
- 150 g de y y y y y au lait entier
- 1 œuf
- 250 g de fromage mozzarella
- 2 cuillères à soupe d'huile

- 1 cuillère à café de sucre
- 2 cuillères à soupe de pâte de tomate
- Paprika doux
- 1 boîte (850 ml) de tomates
- 1 bouquet de roquette
- 10 tranches de jambon de Parme
- Film alimentaire, papier sulfurisé

préparation

Hacher les tomates. Peler les oignons et l'ail et les couper en petits dés. Mettez le hack, la moitié des oignons et de l'ail, les tomates, les herbes, la moutarde, 1 1/2 cuillère à café de sel, 1 1/2 cuillère à café de poivre, le yaourt et l'œuf dans un saladier. Pétrissez bien avec les crochets à pâte du batteur à main.

Égoutter la mozzarella et la couper en dés. Mettez le hachis sur une feuille d'aluminium et pressez avec vos mains sur une planche à découper (environ 24 x 24 cm). Répartissez la mozzarella au milieu. Laissez environ 2 cm sur le bord.

Roulez le hachis avec l'aide de la feuille d'aluminium. Formez à nouveau un pain avec vos mains. Entailler la surface plusieurs fois avec un couteau. Placez-les sur une plaque de cuisson recouverte de papier sulfurisé et faites-les cuire dans le four préchauffé (cuisinière électrique : 175 ° C / air pulsé : 150 ° C / gaz : voir fabricant) pendant environ 1 heure.

Pendant ce temps, faites chauffer la sauce pour la sauce dans une sauceAir Fryer , faites revenir les oignons et l'ail restants. Saupoudrer de sucre, ajouter le concentré de tomates, faire revenir brièvement. Assaisonner avec du sel, du poivre et du paprika. Déglacer avec les tomates. Faire bouillir et laisser mijoter pendant environ 10 minutes. Assaisonner à nouveau avec du sel, du poivre et du paprika. Garder au chaud.

Nettoyer les rouges, les laver et bien les égoutter. Faire cuire le jambon dans un Air Fryer sans laisser de graisse, retirer. Retirer la viande du four. Servir avec du jambon de Parme et de la roquette sur une assiette. Ajouter la sauce.

GÂTEAUX KETO À LA FRITEUSE

Ingrédients

- 1 œuf
- 65 ml low-fat milk
- 45 g de son d'avoine
- sel
- sucre
- 1/2 cuillère à café d'huile

préparation

Fouetter l'œuf et le lait. Ajouter le son d'avoine. Assaisonner d'une pincée de sel et d'une pincée de sucre. Laisser reposer environ 10 minutes.

Un Air Fryer enduit d'huile (environ 18 cm Ø). Remuez à nouveau la pâte. Ajoutez la moitié de la pâte dans le Air Fryer.

Faites cuire les gâteaux Air Fryer à feu moyen, retournez-les après environ 2 minutes et faites-les cuire pendant encore 2 minutes. Sortez et faites cuire un autre gâteau Air Fryer également.

ESCALOPE DE POULET AVEC SALSA AUX OLIVES ET FIGUES ET PÂTES COMPLÈTES

Ingrédients

- 1 small shallot
- 1/2 figue
- 8 black olives without stone
- 1 cuillère à café d'huile

- 1 cu cu cu cuillère à café de vina vina vina vina vina du vin blanc
- sel
- poivre
- 1 filet de poulet (environ 150 g)
- 20 g de pâtes complètes
- 2 tiges de basilic
- 50 g of tomato sauce

préparation

Pelez l'échalote et coupez-la en petits dés. Laver la figue et la couper en dés. Coupez les olives en tranches. Faites chauffer 1/2 cuillère à café d'huile dans une petite sauceAir Fryer . Ajoutez les échalotes et faites-les frire jusqu'à ce qu'elles soient vitreuses. Déglacer avec le vinaigre. Retirez la casserole du feu. Ajouter les cubes de figues et les olives. Assaisonnez de sel et de poivre.

Laver la viande, l'éponger. Assaisonnez avec du sel et du poivre. Faites chauffer 1 cuillère à café d'huile dans un Air Fryer antiadhésif . Faites frire la viande pendant environ 10 minutes en la retournant à feu moyen.

Pendant ce temps, préparer les nouilles dans de l'eau bouillante salée selon les instructions figurant sur l'emballage. Laver le basilic, le secouer pour le sécher. Hacher finement les feuilles, sauf quelques-unes pour la garniture. Faites chauffer la sauce tomate, ajoutez le basilic haché. Assaisonnez avec du sel et du poivre. Servez le filet de poulet avec la salsa, les pâtes et la sauce dans une assiette. Garnir de basilic.

DINDE À L'ESTRAGON AVEC MANGETOUT ET RIZ SAUVAGE

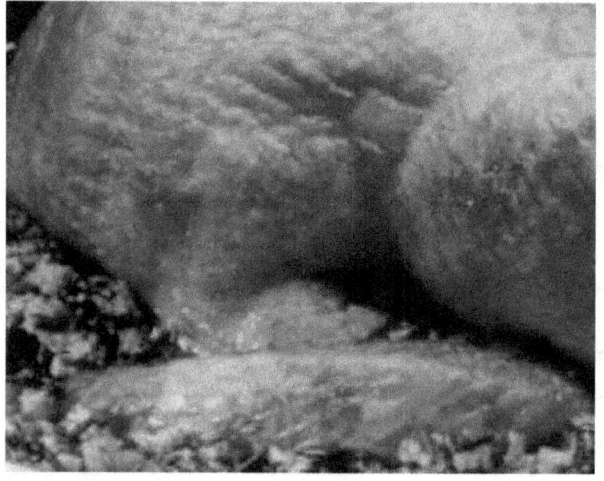

Ingrédients

- 20 g wild rice mixture
- sel
- 40 g of sugar peas
- 1 escalope de dinde (environ 150 g)
- 1 petite gousse d'ail
- 4 t tiges d'estragon
- 1 tbsp lemon juice

- poivre
- 1 cuillère à soupe d'huile
- baies roses pour garnir

préparation

Préparer le riz dans de l'eau bouillante salée selon les instructions de l'emballage. Laver et nettoyer les mangetouts. Laver la viande et l'éponger. Peler l'ail et le hacher finement. Laver l'estragon, le secouer et le hacher finement. Mélanger l'ail et l'estragon avec le jus de citron. Assaisonnez avec du sel et du poivre.

Retournez la viande dans la marinade. Faites chauffer l'huile dans un petit Air Fryer . Faites frire la viande de chaque côté pendant environ 2 minutes à feu moyen, gardez au chaud. Retournez les mangetouts dans la graisse. Déglacer avec 75 ml d'eau. Laissez mijoter pendant environ 5 minutes, assaisonnez avec du sel et du poivre.

Egouttez le riz. Disposer les escalopes de dinde avec les mangetouts et le riz sur une assiette et garnir de poivre rose.

SCHLEMMERLENDCHEN 'KETO' (CÉTO)

Ingrédients

- 2 barres de poireau
- 200 g mushrooms
- 200 ml vegetable broth
- 1 1 de 1 de la féc de maïs
- 1 cuillère à café de marjolaine séchée
- 150 g of cream for cooking
- sel
- poivre
- 600 g pork tenderloin
- 2 cuillères à soupe d'huile

préparation

Nettoyer le poireau, le couper en rondelles, le laver soigneusement et l'égoutter. Nettoyer les champignons, les nettoyer et les couper en deux. Mélanger le bouillon, la fécule, la marjolaine et la crème, assaisonner de sel et de poivre.

Laver la viande, l'éponger et la couper en médaillons. Faites chauffer 1 cuillère à soupe d'huile dans un Air Fryer . Faire rôtir la viande pendant 5-6 minutes, assaisonner avec du sel et du poivre, retirer. Ajouter 1 cuillère à soupe d'huile dans la graisse chaude, y faire revenir les poireaux et les champignons pendant 4-5 minutes, déglacer avec le mélange de crème, porter à ébullition et laisser mijoter pendant 2-3 minutes.

Mettez le mélange de poireaux dans un plat à gratin, ajoutez la viande. Râper le fromage, le verser dessus et faire cuire au four préchauffé (cuisinière : 200 ° C / air pulsé : 175 ° C / gaz : étape 3) pendant environ 10 minutes.

SALADE DE CONCOMBRES AUX GRAINES DE GRENADE, FROMAGE BLANC ET RADICCHIO

Ingrédients

- 1 concombre
- sel
- poivre
- 1/2 tête de salade radicchio
- 2-3 pieces of spring onions
- 4 figues
- 1/2 grenade
- 4 tablespoons apple cider vinegar
- 1-2 cu cu cu cu cu cu cu de miel
- 4 à 5 cuill d'huile d'olive
- 200 g of cottage cheese

préparation

Lavez le concombre, nettoyez-le et pelez des bandes épaisses de la coquille. Coupez le concombre en tranches, assaisonnez de sel et de poivre, mélangez et laissez reposer pendant environ 10 minutes.

Laver le radicchio, le nettoyer et le couper en lanières. Nettoyer et laver les oignons nouveaux et les couper en diagonale en fines rondelles. Nettoyez, lavez et séparez les figues. Retirer les graines de grenade de la peau. Mélangez le vinaigre et le miel, ajoutez l'huile.

Mélanger le concombre, la laitue, les oignons de printemps, les graines de grenade, les figues et la vinaigrette et assaisonner la salade avec du poivre, du miel et éventuellement un peu de sel. Disposez la salade. Donnez du fromage blanc.

DINDE EN TRANCHES AVEC DES LÉGUMES DE PRINTEMPS

Ingrédients

- 1 oignon
- 600 g turkey schnitzel
- 500 g green asparagus
- 150 g of mangetout peas
- 150 g cherry tomatoes
- 1 citron non traité
- 2-3 de l'huile huile de 2 de l'homme
- sel
- poivre
- 25 g de farine
- 600 ml chicken broth

- 200 g basmati rice

préparation

Peler l'oignon et le hacher finement. Laver la viande, l'éponger et la couper en lanières. Laver les asperges, couper les extrémités ligneuses. Couper les asperges en morceaux. Nettoyer et laver le mangetout. Nettoyer et laver les tomates. Laver soigneusement le citron, frotter finement la peau. Coupez le citron en deux, pressez-en une moitié.

Faites chauffer l'huile dans un grand Air Fryer et faites frire la viande vigoureusement en la retournant. Ajoutez l'oignon et faites-le revenir brièvement. Assaisonnez avec du sel et du poivre. Ajoutez les tomates et faites-les sauter brièvement. Ajouter le zeste de citron. Saupoudrer de farine, faire sauter et déglacer en remuant soigneusement avec le bouillon de poulet. Faire bouillir et assaisonner avec du sel, du poivre et 2-3 cuillères à soupe de jus de citron.

Pendant ce temps, préparer le riz dans de l'eau bouillante salée selon les instructions de l'emballage. Mettez les asperges dans l'eau bouillante salée et faites-les cuire pendant 3-4 minutes. Ajoutez les mangetouts et faites-les cuire pendant encore 1 minute. Verser dans une passoire et bien égoutter.

Ajoutez les légumes à la viande coupée en tranches, faites chauffer, assaisonnez à nouveau avec du sel et du poivre.

Disposez-les dans un Air Fryer en les saupoudrant de poivre. Servez le riz dans un bol.

CURRY DE POULTRY

Ingrédients

- 400 g of carrots
- 1 bunch of spring onions
- 500 g chicken meat
- 2 cuillères à soupe d'huile
- 1 cuillère à café de farine
- 1-2 cuillères à café de poudre de curry
- 2 cuillères à café de Garam Masala
- 1 boîte de lait de coco
- 300 ml de lait
- sel
- flocons de piment

préparation

Éplucher et laver les carottes, les couper en deux dans le sens de la longueur et en lanières. Laver la ciboule, la nettoyer et la couper en lanières. Laver les filets de poulet, les éponger et les couper en cubes.

Faites chauffer 1 cuillère à soupe d'huile dans un Air Fryer. Faites rôtir les carottes pendant 2-3 minutes en les retournant, puis retirez-les.

Ajoutez 1 cuillère à soupe d'huile dans l'Air Fryer, faites chauffer. Faites sauter la viande dans une sauce jaune doré pendant environ 3 minutes. Saupoudrer et faire suer la farine, le curry et le garam masala. Déglacer avec le lait de coco et le lait, porter à ébullition et assaisonner de sel. Ajouter les carottes et laisser mijoter pendant environ 5 minutes. Enfin, ajouter les oignons de printemps dans la sauce. Disposer dans des bols et saupoudrer de flocons de piment.

FILETS DE POULET FOURRÉS AUX ÉPINARDS ET AUX DATTES

Ingrédients

- 800 g of red beets
- 2 brins de romarin
- 3 cuillères à soupe d'huile d'olive
- sel
- poivre
- 500 g of spinach
- 50 dried dates
- 1 oignon
- Cumin
- 4 filets de poulet (environ 150 g chacun)

- 200 g de tom tom tom tom tom tom tom tom tom tom tom tom tom tom tom tom tom tom tom tom tom tom
- Huile pour la plaque de cuisson

préparation

Nettoyer la betterave, l'éplucher et la couper en rondelles. Laver le romarin, le secouer pour le sécher, brosser les aiguilles des branches et le hacher. Mélanger la betterave et 2 cuillères à soupe d'huile et assaisonner avec du sel, du poivre et du romarin.

Nettoyer les épinards, les laver et les secouer pour les sécher. Hacher finement les dattes. Peler l'oignon et le couper en dés. Faites chauffer 1 cuillère à soupe d'huile dans une sauceAir Fryer et faites revenir les cubes d'oignon et les dattes pendant environ 4 minutes. Ajoutez les épinards et laissez-les s'affaisser dans une casserole fermée. Assaisonnez avec du sel et du cumin.

Laver la viande, l'éponger et la couper horizontalement en un sac. Assaisonner de sel et de poivre et remplir d'épinards. Répartissez les betteraves et les tourtes à la viande sur une plaque à pâtisserie enduite d'huile. Faites cuire dans un four préchauffé (cuisinière électrique : 200°C / air pulsé : 175°C / gaz : voir fabricant) pendant environ 30 minutes.

Pendant ce temps, laver et couper en deux les tomates. Répartir approximativement sur la plaque de cuisson 10 minutes avant la fin de la cuisson. Servir la viande et les légumes dans des assiettes.

TACOS DE CHOU-FLEUR CÉTO

- 1 tête de chou-fleur
- 1 œuf
- sel
- poivre
- paprika
- 200 g grated Emmentaler
- 4 cuillères à soupe d'huile d'olive
- 1 oignon

- 1 gousse d'ail
- 400 g de viande de b b bœuf ha ha ha
- 8 tomates
- 1 avocat
- 200 g de crème crème crème fraîche aux aux aux d'herbe

préparation

Nettoyer et laver le chou-fleur. Couper les fleurettes de la tige et rouler grossièrement la tige. Ajoutez la moitié des fleurons et des cubes avec l'œuf et le fromage dans le mixeur, assaisonnez avec du sel et du paprika et mélangez jusqu'à obtenir une masse homogène.

Disposez deux plaques de cuisson avec du papier sulfurisé et placez environ 3 cuillères à soupe de chou-fleur pour chaque tacos sur le papier sulfurisé et formez un cercle. Mélanger le reste des fleurettes de chou-fleur dans un bol avec la moitié de l'huile, du sel et du poivre et ajouter les fleurettes aux tacos sur la plaque. Placez les plateaux dans le four chaud (cuisinière électrique : 200 ° C / air pulsé : 175 ° C / gaz : voir fabricant) et faites-les cuire pendant 15-20 minutes jusqu'à ce qu'ils soient dorés. (Selon la taille des tacos, ce processus doit être répété)

Pelez l'oignon et l'ail et hachez-les finement. Faites chauffer l'huile restante dans un Air Fryer et faites frire les oignons et l'ail avec le hachis. Assaisonnez avec du sel et du poivre.

Lavez et coupez les tomates en dés. Couper l'avocat en deux, enlever le noyau, retirer la pulpe de la peau et couper en lamelles.

Recouvrez les tacos finis de hack, de tomate, d'avocat et de chou-fleur et garnissez-les d'une cuillerée de crème fraîche.

SALADE DE QUINOA AU THON, ROQUETTE ET GRENADE

ingrédients

- 40 grammes de quinoa
- 1 boîte de filets de thon nature, en conserve
- 8 tomates cerises
- 10 g de salade romana
- 20 g de roquette
- 20 g onions
- 1 citron vert fraîchement pressé
- 30 g de gr gr gr gr gr gr gr gr gr gr gr gr gr gr
- 5 g de germes de luzerne (alfalfa)
- 1 pincée de sel de mer (Fleur de sel)
- 1 pincée de poivre noir

préparation

Rincer le quinoa dans une passoire fine sous l'eau courante. - Faites cuire le quinoa jusqu'à ce qu'il soit tendre, puis égouttez-le. - Assaisonner avec le jus de citron vert frais, le sel et le poivre.

Rincer le thon - Rincer les légumes, la salade et la roquette, sécher la salade et la roquette dans une essoreuse à salade -

Eplucher l'oignon, en couper un quart en fines rondelles - Rincer les riz dans une passoire et les sécher dans une crêpe de cuisine.

Versez le quinoa dans un verre de préparation, puis ajoutez de la laitue et des tomates sur le dessus - Ajoutez ensuite le thon et les oignons - Ajoutez la roquette et les pousses et les graines de grenade en guise de garniture.

SAUMON À LA CRÈME AVEC PETITS POIS ET CITRON

ingrédients

- 500 g salmon filet, without skin

- 150 g peas green raw
- 200 ml de crème fouettée 30
- 2 small shallots / n
- 1 orteil d'ail
- 20 g of Parmesan
- 40 g of butter
- 1 citron / n moyen
- 1 pincée de noix de muscade
- 1 p p.p. de po po po blanc
- 1 pincée de sel de mer

préparation

Lavez le saumon et séchez-le en le tapotant, puis coupez-le en petits morceaux. - Pelez les échalotes et coupez-les en petits dés. - Pelez l'ail et hachez-le finement.

Faites chauffer le beurre dans l'Air Fryer, ajoutez les échalotes et l'ail et faites-y revenir les morceaux de saumon. - Ajoutez la crème et remuez. - Ajoutez les petits pois et laissez mijoter brièvement à feu moyen.

Pendant ce temps, lavez le citron à grande eau, séchez-le et frottez-le avec la râpe. - Coupez le citron en deux et pressez-en le jus.

Ajoutez le parmesan râpé, le zeste de citron et un peu de noix de muscade dans l'Air Fryer et remuez. - Assaisonnez avec le jus de citron, le sel et le poivre.

DAURADE FRITE AVEC SALZA DE MANGUE FRAÎCHE

ingrédients

- 4 small bream, filet
- 100 g mango, raw
- 100 g de conc conc concombre avec enveloppe, brut
- 100 g paprika fresh red
- 50 g spinach, raw
- 30 g of Parmesan, grated

- 1 pincée de sel de mer (Fleur de sel)
- 1 pincée de poivre noir
- 1 g de citron / n
- 1 c. à c. d'huile d'olive

préparation

Laver la daurade et l'éponger - Peler la mangue et couper la pulpe en petites tranches - Laver le concombre et le couper en petits morceaux - Retirer les poivrons des graines et des cloisons et les couper en petits cubes.

Laver les épinards et les sécher dans l'essoreuse à salade - Retirer les tiges trop longues des épinards - Laver et sécher le citron à chaud, puis faire un zeste de citron avec la râpe - Couper le citron en deux et presser le jus.

Mélanger la mangue, le concombre, le paprika et un peu de jus de citron dans un bol et assaisonner avec du sel et du poivre. - Disposer les feuilles d'épinards sur deux assiettes.

Faites chauffer l'huile d'olive dans l'Air Fryer et faites rôtir les filets des deux côtés. - Assaisonnez les filets de sel et de poivre et saupoudrez de parmesan fraîchement râpé. - Ajoutez les filets de poisson aux épinards et servez-les avec la salsa à la mangue.

FILET DE SAUMON EN CROÛTE D'AMANDES ET PURÉE DE POIS ET PANAIS

ingrédients

- Pour les filets de saumon
- 2 file filets de saumon de 200 g chacun
- 50 g almond flakes
- 2 tiges d'aneth

- 1 citron biologique
- 1 c. à c. d'huile d'olive
- Pour la purée
- 300 g parsnips
- 60 g peas, frozen, thawed
- 50 g of potatoes
- 50 g of milk
- 50 g of whipped cream
- noix de muscade
- et aussi
- sel de mer
- poivre

préparation

Lavez les filets de saumon et séchez-les - Faites chauffer l'huile dans l'Air Fryer et faites frire les filets des deux côtés - Lavez l'aneth et séchez-le, puis hachez-le - Placez les filets dans un plat résistant au feu et arrosez-les de jus de citron.

Ajouter les amandes et l'aneth dans l'Air Fryer vide et mélanger avec le reste de l'huile - Verser le mélange sur les filets de saumon et assaisonner avec du sel et du poivre. - Faites cuire les filets dans un four préchauffé à 140 - 160 ° C pendant environ 20 minutes.

Épluchez les panais et les pommes de terre et coupez-les en petits cubes. - Couvrez les légumes d'eau salée pendant 10 à 15 minutes, ajoutez les petits pois peu avant la fin de la cuisson. - Egouttez et laissez les légumes s'évaporer dans l'Air Fryer.

Ajoutez le lait et la crème fouettée aux légumes et réduisez-les en purée à l'aide d'un presse-purée - Assaisonnez la purée de pois et de panais avec de la noix de muscade fraîche râpée et du sel et disposez-la sur deux assiettes.

Retirer du four les filets de saumon en croûte d'amandes et les ajouter à la purée de pois et de panais - Servir avec des quartiers de citron et des légumes frais si désiré.

FRITEUSE ASIATIQUE AVEC CREVETTES ET LÉGUMES

ingrédients

- 250 g shrimp, without head and intestine
- 400 fond de légumes
- 100 g mushrooms
- 40 g rice noodles
- 2 oignons de printemps
- 1 tomate
- 1 citron vert
- 2 gousses d'ail
- ½ piment rouge
- ½ piment vert
- 1 cuillère à soupe de sauce de poisson

- 1 tbsp organic soy sauce
- 1 cuillère à soupe d'huile de sésame
- 200 ml of warm water
- sel de mer
- poivre

préparation

Laver les crevettes et les égoutter - Nettoyer et émincer les champignons - Nettoyer les oignons de printemps et les couper en rondelles en biais - Laver les tomates et les couper en petits cubes - Peler l'ail et le couper en fines tranches - Couper les piments en fines rondelles.

Faites chauffer les légumes dans une sauceAir Fryer, retirez le feu de l'Air Fryer et laissez les nouilles de riz cuire dedans. - Chauffez l'huile de sésame dans un Air Fryer et faites frire les crevettes avec l'ail. - Ajoutez les champignons, les piments et les tomates et faites-les sauter.

Coupez le citron vert en deux et pressez-en le jus. - Mélangez 200 ml d'eau chaude avec la sauce de poisson, la sauce de soja et un peu de jus de citron vert et ajoutez-les dans le Friteuse. - Ajoutez les oignons de printemps et assaisonnez avec du sel et du poivre. - Enfin, ajoutez les nouilles de riz dans l'Air Fryer et mélangez bien.

Si nécessaire, ajoutez un peu plus de légumes au bouillon et enfin assaisonnez à nouveau avec du sel, du poivre et du jus de citron vert. - Mettez l'asiafoet avec les crevettes et les légumes dans deux bols et servez.

SALADE FRAÎCHE AVEC SAUMON, ŒUF ET PARMESAN

ingrédients

- 200 g salmon filet, without skin
- 4 œufs
- 200 g Romanosalat
- 10 tomates cerises
- 100 g de ro ro ro ro ro ro de frais
- 1 citron
- 50 g of Parmesan
- 2 cuillères à soupe d'huile d'olive
- Crème balsamique, datte et figue selon les besoins

- 1 pincée de sel de mer (Fleur de sel)
- 1 pincée de poivre noir

préparation

Faites cuire les œufs dans une casserole d'eau bouillante pendant 8 à 10 minutes. - Ensuite, refroidissez les œufs, pelez-les et coupez-les en deux.

Laver les feuilles de laitue et les sécher dans une essoreuse à salade, puis plumer les petites - Laver les tomates, les égoutter puis les couper en deux - Placer les feuilles de laitue et les tomates sur deux assiettes et arroser d'une cuillère à soupe d'huile.

Lavez le saumon et séchez-le - Coupez le saumon en petits morceaux - Faites chauffer 1 cuillère à soupe d'huile dans l'Air Fryer et faites frire les morceaux de saumon tout autour - Assaisonnez le saumon avec du sel et du poivre et ajoutez-le à la salade.

Ajoutez les œufs à la salade et saupoudrez de parmesan fraîchement râpé. Coupez le citron en deux et arrosez le saumon et la salade de son jus. - Enfin, affinez la salade avec du balsamique.

FILET DE SAUMON GRILLÉ AVEC HARICOTS VERTS

ingrédients

- 1 filet de saumon, environ 300 g
- 500 g of green beans
- 2 cuillères à soupe de beurre
- 1 citron biologique
- 1 gousse d'ail
- 4 brins de thym
- 1 brin de romarin
- 4 cuillères à soupe d'huile d'olive
- sel de mer
- poivre

préparation

Laver le filet de saumon et l'éponger - Peler et hacher finement l'ail - Laver et sécher les herbes, puis arracher les feuilles de la tige et les hacher finement - Mélanger l'ail, les herbes et l'huile dans une forme plate, puis mariner le poisson et laisser infuser.

Nettoyez les haricots et faites-les cuire dans une casserole d'eau pendant environ 8 minutes jusqu'à ce qu'ils soient cuits. - Egouttez les haricots et faites-les égoutter. - Coupez le citron en morceaux.

Faites chauffer le gril Air Fryer et faites griller le filet de saumon jusqu'à ce qu'il présente des bandes de rôti, puis retournez-le et faites-le griller sur le deuxième côté - Le filet de saumon peut également être préparé sur le gril selon vos souhaits.

Pendant ce temps, faites fondre le beurre dans un second Air Fryer et faites-y frire les haricots. Assaisonnez ensuite les haricots avec un peu de jus de citron, du sel et du poivre et répartissez-les dans deux assiettes.

Assaisonnez le filet de saumon avec du sel et du poivre. - Coupez les morceaux de filet en deux et disposez-en une moitié sur les haricots. - Ajoutez les morceaux de citron, puis arrosez le poisson d'un peu de jus de citron et servez.

NOUILLES DE LÉGUMES AVEC CREVETTES ET TOMATES CERISES

ingrédients

- 500 g de cour cour en zucs
- 200 g de cre cre cre cre cre cre cre cre cre cre cre cre sans tête avec avec car de tête
- 200 g de tom tom tom tom tom tom tom tom tom tom tom tom tom tom tom tom tom tom tom tom
- 2 échalotes
- 2 gousses d'ail
- 1 citron biologique
- 200 ml de fond végétal
- 50 ml of sesame oil

- sel de mer
- poivre

préparation

Laver et sécher les courgettes - Couper les courgettes en longues et fines nouilles à l'aide de l'appareil à spirale - Laver les tomates et les égoutter, puis les couper en quartiers - Peler les échalotes et les couper en petits dés - Peler l'ail et le hacher finement.

Laver le citron à l'eau chaude et le sécher, puis râper la peau avec la râpe - puis couper le citron en deux et presser le jus - Retirer les crevettes de la carapace, ne pas jeter le bol de côté, mais mettre de côté pour - cela donne une grande saveur.

Faites chauffer l'huile de sésame dans l'Air Fryer et faites frire l'ail, les échalotes, les crevettes et les gambas. - Ajoutez les tomates et remuez le tout. - Retirez les crevettes et mettez-les de côté. Retirez également les carapaces des crevettes. Elles peuvent maintenant être jetées.

Mettez les nouilles de courgette dans le Air Fryer chaud et remplissez-le de bouillon. - Faites sauter les nouilles de courgette pendant 3 à 4 minutes. - Ajoutez le zeste de citron râpé et un peu de jus de citron et assaisonnez avec du sel et du poivre.

Remuez à nouveau le tout, puis ajoutez à nouveau les crevettes et réchauffez brièvement avec - Nouilles aux légumes avec crevettes et tomates cerises sur deux assiettes et servez chaud.

SAUMON GRILLÉ AU POTIRON ET HARICOTS À LA VAPEUR

ingrédients

- 2 file filets de saumon de 200 g chacun
- 150 g pumpkin (Hokkaido or butternut squash)

- 200 g of green beans
- 1 citron biologique
- 3 cuillères à soupe d'huile d'olive
- sel de mer
- poivre

préparation

Laver les filets de saumon et les éponger - Laver et sécher le potiron, puis le couper en deux et retirer les graines - Couper le potiron en tranches de 1 à 2 cm - Laver et nettoyer les haricots, puis les couvrir d'eau pendant 8 à 10 minutes.

Arrosez le saumon et le potiron d'huile et faites-les cuire sur le gril chaud. - Retournez les deux après 3 - 4 minutes et faites-les griller de l'autre côté. - Réduisez le feu et faites cuire les filets de saumon et les tranches de potiron jusqu'à ce qu'ils soient cuits (le temps de cuisson peut varier selon l'état).

Laver le citron à l'eau chaude et le sécher - Frotter le zeste du citron avec la râpe, le mettre dans un bol et réserver - Couper le citron en deux, presser le citron sur les filets de saumon avec la main et arroser de jus de citron.

Répartir le zeste de citron sur les filets - Égoutter les haricots dans une passoire, les égoutter et les placer sur deux assiettes -

Ajouter les filets de saumon et le potiron, saler et poivrer et servir.

SALADE D'ESE JAAIR FRYER AVEC CREVETTES

ingrédients

- 220 g de cre cre cre cre cre cre cre cre cre sans tête avec avec car de tête
- 100 g Chinese cabbage raw
- 50 g red cabbage raw
- 10 tomates cerises
- 2 spring onions / n
- 1 carotte (carotte, carotte) crue

- 1 citron vert
- ½ pap pap ie frais jaune
- ½ paprika rouge frais
- 6 stems of coriander, fresh
- 2 gousses d'ail
- 200 ml drinking water warm
- 5 cuillères à soupe de sauce soja
- 4 cuillères à soupe d'huile d'olive
- 20 g of honey
- 2 cuillères à café de sésame léger
- 1 pincée de sel de mer
- 1 pincée de poivre noir

préparation

Laver les crevettes et les égoutter, puis les couper dans le sens de la longueur avec un couteau au milieu du côté de l'estomac. - Peler l'ail et le presser dans un bol avec le presse-ail. - Ajoutez l'huile d'olive et les crevettes à l'ail, remuez et laissez reposer.

Laver les légumes et les herbes et les égoutter - Retirer les feuilles flétries et la tige dure du chou chinois et du chou rouge - Couper le chou chinois et le chou rouge en fines lamelles - Couper les tomates en deux - Nettoyer les oignons de printemps et les couper en bandes obliques.

Épluchez la carotte et coupez-la en fins bâtonnets - Retirez les graines du poivron, puis coupez-le en anneaux ou en bandes étroites - Retirez les feuilles de coriandre de la tige et hachez-les - Placez tous les ingrédients de la salade préparée dans un grand bol.

Coupez le citron vert en deux et pressez-en le jus. - Mélangez la sauce soja, le jus de citron vert, le miel et l'eau dans un petit bol et ajoutez-les à la salade. - Assaisonnez la salade avec du sel et du poivre et mélangez le tout.

Mettez les crevettes avec l'ail et l'huile dans l'Air Fryer chaud et faites-les frire pendant quelques minutes, puis ajoutez-les à la salade et mélangez à nouveau. - Mettez la salade JaAir Fryer ese avec les crevettes sur deux assiettes, saupoudrez de graines de sésame et servez.

COURGE BUTTERNUT À LA FRITEUSE AVEC TOMATES ET HARISSA

ingrédients

- 400 g butternut pumpkin organic quality
- 200 g tomato / n
- 2 échalotes
- 2 gousses d'ail
- 6 tiges de persil
- 500 ml de fond de légumes, maison
- 150 ml vin rouge
- 3 cuillères à soupe d'huile d'olive
- 2 cuillères à soupe de pâte de tomate
- 1 teaspoon Ras el hanout
- 1 cuillère à café d'Harissa

- 1 pincée de poivre noir
- 1 pincée de sel de mer

préparation

Peler le potiron butternut, enlever les graines et le couper en morceaux d'environ 1 à 2 cm. - Laver les tomates et les couper en morceaux. - Pelez et coupez les échalotes en dés. - Pelez et émincez l'ail. - Lavez le persil et séchez-le en le secouant, épluchez les feuilles et hachez-les finement.

Faites chauffer l'huile d'olive dans l'Air Fryer et faites revenir les échalotes et l'ail. - Ajoutez la purée de tomates et la harissa et mélangez. - Ajoutez la courge butternut et faites tout sauter. - Déglacer le tout avec le vin rouge et porter à ébullition.

Ajoutez les tomates et ajoutez le bouillon - Assaisonnez avec le Ras el hanout, le sel et le poivre et remuez - Couvrez et laissez mijoter pendant 20 - 25 minutes.

Courge Butternut Assaisonner l'Air Fryer avec la tomate et la harissa ; saler et poivrer à nouveau - Ajouter le persil et disposer sur deux assiettes.

POTIRON FARCI AVEC RIZ AU CHOU-FLEUR ET CHAMPIGNONS

ingrédients

- 2 citrouilles d'Hokkaido moyennes
- 300 g de chou-fleur
- 12 champignons bruns
- 2 échalotes
- 2 gousses d'ail
- 100 g leek raw
- 200 g of Gouda grated
- 100 g of Parmesan
- 1 citron fraîchement pressé
- huile d'huile d'olive
- 1 c.c. de beurre
- 6 tiges de persil

- 1 cuillère à café de poudre Cinq épices
- 1 pincée de sel marin
- 1 pincée de poivre noir

préparation

Brosser les citrouilles, les rincer, les couper en deux et retirer le trognon. - Nettoyer et couper en quatre les champignons. - Coupez les poivrons en petits cubes. - Pelez et coupez les échalotes et l'ail.

Rincez le chou-fleur, égouttez-le puis hachez-le avec un couteau jusqu'à ce qu'il ait la texture du riz. - Coupez le poireau en rondelles. - Hachez le persil.

Faites fondre l'huile et le beurre dans un grand Air Fryer et faites sauter les échalotes avec l'ail. - Ajoutez le poireau et faites-le sauter. - Ajoutez les poivrons, les champignons et le chou-fleur et faites-les revenir brièvement.

Ajoutez le jus de citron et le persil et assaisonnez avec les épices, le sel et le poivre - Répartissez la garniture dans les moitiés du potiron, saupoudrez de fromage et de parmesan - Faites cuire les potirons dans un four préchauffé à environ 140 ° C pendant 20-30 minutes.

SOUPE AU POTIRON AVEC NOIX DE CAJOU GRILLÉES

ingrédients

- 300 g Hokkaido pumpkin
- 2 carottes moyennes (carotte, carotte) crues
- 1 échalote
- 5 g de gingembre
- 3 g de poivrons (chili) crus
- 40 g of butter
- 750 ml de légumes Fond, fait maison
- 100 ml orange juice, fresh
- 1 tablespoon lemon juice freshly pressed
- 4 tablespoons of pumpkin seed oil

- 40 g de noix cas de ca de noix
- 4 tiges de persil
- 1 pincée de sel de mer
- 1 p p.p. de po poivre blanc

préparation

Lavez soigneusement le potiron à l'eau chaude, puis séchez-le. - Coupez le potiron en deux avec un grand couteau et retirez les graines avec une cuillère. - Coupez une moitié de potiron en petits morceaux.

Epluchez et coupez les carottes en rondelles - Epluchez l'échalote et coupez-la en petits dés - Epluchez le gingembre et coupez-le en petits morceaux - Coupez le piment en deux, épépinez-le et coupez-le en morceaux.

Faites fondre le beurre dans une sauceAir Fryer et faites revenir l'échalote. - Ajouter les carottes et le potiron et faire revenir le tout. - Déglacez avec le bouillon et versez-le. - Ajoutez le piment et laissez mijoter à feu moyen pendant 15 minutes.

Pendant ce temps, laver le persil, le secouer pour le sécher et le hacher - Faire griller les noix de cajou dans un Air Fryer sans graisse sur tous les côtés - Puis placer les noix de cajou sur une planche de cuisine et les hacher avec un grand couteau.

Incorporer le gingembre, le jus de citron et d'orange, puis retirer la marmite de la plaque chauffante. - Réduisez la soupe en purée à l'aide du mixeur manuel. - Si nécessaire, ajoutez un peu d'eau chaude à la soupe et mixez à nouveau jusqu'à obtenir la consistance souhaitée.

Assaisonnez la soupe de potiron avec du sel et du poivre - Remplissez la soupe dans de petits bols et arrosez-la d'huile de graines de potiron - Ajoutez du persil et des noix de cajou à la soupe et décorez-la avec la fleur comestible.

GRATIN DE PUMPKIN

ingrédients

- 800 g de potiron à la noix de muscade

- 200 g Hokkaido pumpkin
- 200 g of Gouda grated
- 200 ml de chanti crème crème
- 2 gousses d'ail
- 6 tiges de persil
- 1 pincée de sel de mer (Fleur de sel)
- 1 pincée de poivre noir
- 1 pinch nutmeg dried
- 2 cuillères à soupe d'huile d'olive

préparation

Lavez le potiron d'Hokkaido et coupez-le en morceaux. - Pelez la noix de muscade et coupez-la en morceaux. - Pelez l'ail. - Hachez le persil.

Faites chauffer l'huile d'olive dans une grande sauceAir Fryer et faites-y sauter le potiron. - Pressez l'ail avec le presse-ail et ajoutez-le - Ajoutez la crème et portez à ébullition.

Ajouter le sel, le poivre et la noix de muscade fraîchement râpée et remuer - Mettre le tout dans un grand plat à gratin et saupoudrer de persil et de Gouda - Gratiner le potiron à environ 175°C pendant 40 à 45 minutes dans un four préchauffé.

STEAK DE PORC RÔTI AUX LÉGUMES

ingrédients

- 250 g pork chop, boneless
- 100 g zucchini, raw
- 40 g paprika fresh red
- 40 g paprika fresh yellow
- 40 g paprika fresh green
- 50 g of mushrooms brown
- 5 t t tiges de th th th th th th , frais
- 2 cuillères à soupe d'huile d'olive
- 1 c.à.s. de beurre
- 1 pincée de sel de mer (Fleur de sel)
- 1 pincée de poivre noir

préparation

Laver les légumes et les égoutter - Couper les courgettes en biais - Couper les poivrons en lamelles - Nettoyer et couper en deux les champignons - Laver le thym et le secouer pour le sécher.

Mettez la côte de porc dans le gril chaud de l'Air Fryer, ajoutez le thym et faites griller la viande des deux côtés. - Faites chauffer le beurre et l'huile dans le deuxième Air Fryer et faites frire les courgettes, les poivrons et les champignons.

Saler et poivrer les légumes et les placer dans une assiette. Assaisonner la côte de porc et l'ajouter aux légumes.

QUINOA AU POTIRON RÔTI

ingrédients

- 60 g de quinoa
- 200 g Hokkaido pumpkin
- ½ oignon / s rouge
- 50 g de ro ro ro ro ro roquette
- 1 tige de menthe
- ½ citron vert fraîchement pressé
- 2 cuillères à soupe d'huile d'olive
- 1 p pincée de sel de l'Himalaya
- 1 pincée de poivre noir
- 1 p p p p p p p p p p p p p p p p p

préparation

Placez le quinoa dans une passoire fine et rincez-le sous l'eau courante pour éliminer les substances amères. - Recouvrez le quinoa d'eau dans une sauceAir Fryer. Laissez mijoter pendant 8-10 minutes jusqu'à ce que les granulés soient fermes. - Egouttez le quinoa et laissez-le s'évaporer.

Lavez et séchez le potiron, puis coupez-le en deux et grattez les graines avec une cuillère - Coupez le potiron en petits morceaux - Epluchez l'oignon, coupez-le en deux et en fines rondelles - Lavez la roquette et égouttez-la bien.

Faites chauffer l'huile dans l'Air Fryer et faites sauter le potiron - Ajoutez le quinoa et l'oignon et assaisonnez avec du sel et du poivre - Lavez la menthe et séchez-la, cueillez les feuilles et hachez-les - Ajoutez le jus de citron vert, la roquette et la menthe et mélangez le tout.

SALADE COLORÉE AU BLANC DE POULET ET AUX CERNEAUX DE NOIX

ingrédients

- 300 g chicken breast, without skin
- 150 g of endives salad

- 150 g de lait lait lait lait lait ice- ger de lait lait lait lait lait lait lait lait lait lait ice- ger
- 100 g tom tom tomate / n
- ½ oignon / s rouge
- 50 g radishes raw
- 50 g walnut kernels, fresh
- 3 cuillères à soupe d'huile d'olive
- 1 pincée de sel de mer
- 1 pincée de poivre noir

préparation

Laver la laitue et la sécher dans l'essoreuse à salade - Mélanger les feuilles de laitue - Laver les tomates et les couper en morceaux - Peler les oignons et les couper en fines rondelles - Nettoyer les radis et les couper en tranches - Mettre le tout dans le saladier.

Lavez le blanc de poulet et séchez-le avec une crêpe de cuisine. - Coupez la viande en morceaux. - Faites chauffer 1 cuillère à soupe d'huile d'olive dans l'Air Fryer et faites dorer les morceaux de poulet tout autour. - Assaisonnez la viande avec du sel et du poivre.

Assaisonnez la salade avec du sel et du poivre et mélangez. - Mettez la salade sur deux assiettes et arrosez-la d'huile d'olive. -

Répartissez les noix et les morceaux de blanc de poulet chaud sur la salade et servez.

SALADE DE CHOUX DE BRUXELLES AU POTIRON RÔTI ET AUX NOIX DE PÉCAN

ingrédients

- 200 g squash, hokkaido squash or butternut squash
- 150 g ch de de Bruxelles
- 60 g of pecans
- 20 g de canneberges
- 2 cuillères à soupe de jus d'orange
- 1 c. à c. d'huile d'olive
- Sel de mer
- poivre

préparation

Le potiron hokkaido est un peu plus rapide, il suffit de le laver et de le sécher soigneusement. - La courge butternut doit être épluchée. - Coupez ensuite le potiron en petits cubes. - Nettoyez les choux de Bruxelles, retirez les feuilles fanées et coupez-les en deux.

Faites chauffer l'huile d'olive dans l'Air Fryer et faites sauter la courge et les choux de Bruxelles - Ajoutez le jus d'orange, les noix de pécan et les canneberges et faites revenir brièvement - Assaisonnez de sel et de poivre et remuez à nouveau - Répartissez les légumes dans deux petits bols et servez.

CANARD RÔTI AVEC FARCE À L'ORANGE ET AUX DATTES

ingrédients

- 1 canard élevé en liberté, environ 1,5 kg
- 2 oranges, organic quality
- 400 g Brussels sprouts
- 150 g of celeriac
- 3 échalotes
- 2 carottes
- 6 dates dén dén dén dén dén dén dén dén dén dén dén dén dén dén dén dén dén dén
- 1 bouquet de thym
- 4 - 5 brins de romarin
- 4 branches d'origan
- 1 L de fond de volaille ou de légumes
- 200 ml de vin rouge

- 50 g butter
- 2 cuillères à soupe d'huile d'olive
- 2 anis étoilés
- 2 feuilles de laurier
- 1 teaspoon Ras el hanout
- Poivre rose
- sel de mer
- poivre

préparation

Rincer le canard sous l'eau courante et le sécher en le tamponnant - Laver l'orange à chaud et la râper à sec, puis la couper en morceaux - Laver et sécher les herbes - Ecraser grossièrement les dattes et les ajouter à l'orange et au canard avec les herbes et les morceaux - Frotter la peau du canard avec du sel et du poivre.

Epluchez les échalotes et coupez-les en petits dés - Epluchez et coupez les carottes en rondelles - Epluchez le céleri-rave et coupez-le en petits cubes - Faites chauffer l'huile dans la rôtissoire Air Fryer pour faire dorer le canard tout autour - Ajoutez les échalotes, les carottes et le céleri-rave et faites-les sauter.

Déglacer le tout avec le vin et ajouter les morceaux de la deuxième orange - Ajouter la moitié du fonds au canard et laisser bouillir brièvement - Ajouter l'anis étoilé, les feuilles de laurier, le Ras el hanout et le paprika et remuer.

Canard dans une rôtissoire Air Fryer dans un four préchauffé à 150 ° C. Air rôtir pendant 2 heures, verser le canard avec la sauce de la boîte de rôtissage entre les deux. - Au bout de 20 minutes, ajoutez le reste du bouillon et poursuivez la cuisson du canard.

Fouetter les choux de Bruxelles et enlever les feuilles flétries - Couper les choux de Bruxelles en deux et les couvrir de vapeur au-dessus d'un peu d'eau. Faites-les cuire pendant 5 minutes jusqu'à ce qu'ils soient fermes. - Mettez les choux de Bruxelles dans une sauceAir Fryer .

Retirer le canard du Air Fryer et le placer sur une grille - Maintenir le canard au chaud dans le four - Retirer l'anis étoilé, les feuilles de laurier et les morceaux d'orange de la sauce - Réduire en purée les légumes dans l'Air Fryer avec un mixeur manuel - Porter la sauce à nouveau à ébullition et assaisonner avec du sel et du poivre.

Faites fondre le beurre dans un Air Fryer et faites frire les choux de Bruxelles de tous les côtés. - Salez et poivrez les choux et servez-les chauds avec le canard et la sauce.

OMELETTE AUX CHAMPIGNONS ET AUX HERBES

ingrédients

- 8 œufs taille M
- 50 ml de crème fouettée 30
- 1 small onion / n
- 4 champignons bruns
- 1 small spring onion / n
- 2 tiges de persil
- 1 pincée de sel de mer
- 1 pincée de poivre noir
- 1 c. à c. d'huile d'olive

préparation

Battre les œufs dans un bol et fouetter avec la crème - Éplucher l'oignon et le couper en rondelles - Nettoyer et émincer les champignons - Nettoyer la ciboule et la couper en rondelles - Laver le persil, le secouer et le hacher.

Faites chauffer l'huile dans l'Air Fryer et faites sauter les oignons et les champignons. - Retirez-les à nouveau et mettez-les de côté. - Assaisonnez les œufs avec du sel et du poivre, remuez à nouveau. - Ajoutez ensuite la moitié du mélange d'œufs dans l'Air Fryer chaud, puis réduisez le feu.

Ajoutez la moitié des oignons nouveaux, du persil, des oignons et des champignons sautés à l'omelette et faites frire les œufs jusqu'à ce que l'omelette soit stabilisée. - Continuez avec la deuxième omelette de la même manière. - L'omelette terminée peut être maintenue au chaud dans le four à 50 ° C si nécessaire devenir.

FRITEUSE DE LÉGUMES AVEC HARICOTS, POIVRONS ET CAROTTES

ingrédients

- 100 g beans green
- 1 paprika rouge frais
- 1 poivron vert frais
- 3 carottes (carotte, carotte) crues
- 2 gousses d'ail
- 2 cuillères à soupe d'huile d'olive
- 1 c.c. de beurre
- 1 pincée de sel de mer
- 1 pincée de poivre noir

préparation

Lavez les haricots, nettoyez-les et mettez-les dans une casserole. - Couvrez les haricots d'eau et portez à ébullition. - Laissez mijoter les haricots pendant environ 5 minutes, puis passez-les dans une passoire.

Couper les poivrons en deux, retirer les noyaux et les cloisons et rincer les moitiés sous l'eau courante - Couper les poivrons en lamelles - Laver soigneusement les carottes, les couper en deux dans le sens de la longueur - Peler l'ail et le couper en fines lamelles.

Faites chauffer le beurre et l'huile dans l'Air Fryer et ajoutez les carottes. - Ajoutez les poivrons, les haricots et l'ail et faites frire le tout dans l'Air Fryer pendant 2 à 3 minutes, en remuant les légumes plusieurs fois. - Assaisonnez l'Air Fryer de légumes avec du sel et du poivre.

AVOCAT RÔTI AU BACON

ingrédients

- 2 avocats de taille moyenne dét dét dét dét dét
- 1 citron vert fraîchement pressé
- 300 g bacon
- huile d'huile d'olive
- 1 pincée de sel de mer
- 1 pincée de poivre noir

préparation

Coupez les avocats en deux et retirez le noyau - Coupez les avocats en quatre, retirez la pulpe de la peau et arrosez-les de jus de citron vert pour éviter que les morceaux ne brunissent.

Étalez les tranches de bacon sur une planche et enroulez-y les morceaux d'avocat les uns après les autres. - Faites chauffer l'huile dans l'Air Fryer et faites frire les avocats enveloppés de bacon sur tous les côtés.

Retirez les avocats dans le bacon du Air Fryer, assaisonnez avec du sel et du poivre et servez chaud.

CHOU-FLEUR FRIT AVEC DES HERBES FRAÎCHES

ingrédients

- 600 g de chou-fleur
- 2 gousses d'ail
- 2 cuillères à soupe de beurre
- 2 tiges de basilic frais

- 2 tiges de persil
- 1 c. à c. de poudre de cur cur cur cur d'Amérique
- 1 pincée de sel de mer
- 1 pincée de poivre noir
- 2 cuillères à soupe d'huile d'olive

préparation

Coupez les bouquets de chou-fleur de la tige, puis lavez-les et égouttez-les. - Pelez l'ail et hachez-le finement. - Ajoutez l'huile d'olive, l'ail, le curcuma, le sel et le poivre dans un bol et mélangez. - Ajoutez le chou-fleur au mélange d'épices et faites-le tourner.

Faites chauffer le beurre dans un Air Fryer et ajoutez le chou-fleur. - Faites frire les bouquets de chou-fleur de tous les côtés. - Lavez et séchez les herbes, puis hachez-les et ajoutez-les au chou-fleur.

FOIE FRIT AVEC OIGNONS ET HERBES

ingrédients

- 500 g de foie de veau (alternativement foie de boeuf)
- 1 gros oignon
- 4 tiges de thym
- 2 tiges de sauge
- 4 tiges de persil
- 2 cuillères à soupe de beurre
- 1 cuillère à café d'huile d'olive
- sel de mer
- poivre

préparation

Laver le foie et l'éponger avec du papier absorbant - Nettoyer le foie et le couper en morceaux - Peler l'oignon et le couper en rondelles - Laver et sécher les herbes - Hacher finement le persil.

Faites chauffer le beurre et l'huile dans l'Air Fryer et faites frire l'oignon jusqu'à ce qu'il soit doré. - Retirez l'oignon et mettez-le de côté. - Mettez le foie, le thym et la sauge dans le Air Fryer chaud. - Faites frire les morceaux de foie de tous les côtés.

Retirez les herbes du Friteuse et salez et poivrez la viande. - Remettez les oignons dans l'Air Fryer et chauffez-les brièvement. - Mettez le foie frit avec les oignons sur deux assiettes et saupoudrez de persil.

ASPERGES VERTES AVEC FILET DE SAUMON ET BEURRE À L'ANETH

ingrédients

- 2 filets de saumon avec peau de pêcheur á 250 g
- 400 g green asparagus
- 2 citrons biologiques
- 3 cuillères à soupe de beurre
- 2 cuillères à soupe d'huile d'olive
- 3 - 4 tiges d'aneth
- poivre
- Sel de mer

préparation

Lavez les asperges vertes et coupez les extrémités - Épluchez le tiers inférieur des tiges si nécessaire - Lavez et égouttez l'aneth - Lavez les filets de saumon et séchez-les avec un torchon - Rincez le citron à chaud, séchez-le et coupez-le en morceaux.

Pour les asperges, chauffez 1 cuillère à soupe d'huile et 1 cuillère à soupe de beurre dans l'Air Fryer et faites frire les barres pendant plusieurs minutes. - Retournez les barres plusieurs fois pour qu'elles soient frites de tous les côtés.

Dans le second Air Fryer, faites fondre 1 cuillère à soupe d'huile et 2 cuillères à soupe de beurre et faites frire le saumon du côté sans peau pendant environ deux minutes - Retournez les filets et faites-les frire du côté avec la peau. - Déposez le mélange liquide huile-beurre sur le poisson à l'aide de la cuillère, encore et encore ,

Répartissez les asperges vertes dans deux assiettes et ajoutez un filet de saumon chacune. - Versez le beurre liquide sur le poisson et servez avec de l'aneth et des tranches de citron.

LANIÈRES DE POITRINE DE POULET AVEC ASPERGES VERTES À L'ASIATIQUE

ingrédients

- 300 g chicken breast fillet, organic quality
- 500 g green asparagus
- 2 gousses d'ail
- 1 échalote
- 150 ml d eau
- 40 ml organic soy sauce
- 2 cuillères à soupe d'huile de sésame
- 2 cuillères à café de miel
- Zeste de citron d'un citron biologique
- Sel de bambou
- Poivre coloré

préparation

Couper la viande en fines lamelles, en veillant à ce que les coupes soient transversales aux fibres longitudinales. - Lavez soigneusement les pointes d'asperges et pelez le tiers inférieur si nécessaire. - Coupez les asperges vertes en morceaux. - Pelez et coupez l'échalote et l'ail.

Faites chauffer l'huile dans un Air Fryer et faites frire la viande. - Retirez la viande et mettez-la de côté. - Mettez l'échalote et l'ail dans l'Air Fryer chaud et faites-les sauter. - Ajoutez les asperges vertes et remuez. - Mélangez le miel et la sauce soja avec 150 ml d'eau chaude et ajoutez-les aux asperges.

Remettez les lanières de viande dans l'Air Fryer avec les asperges vertes et faites pivoter le tout. - Ajoutez le zeste de citron à la viande et assaisonnez de sel et de poivre. - Placez les lanières de poitrine de poulet avec les asperges vertes du style asiatique sur deux assiettes et servez.

FILET DE SAUMON SUR ASPERGES VERTES ET CHOU-RAVE

ingrédients

- 2 salmon fillets á 200 g
- 500 g green asparagus
- 50 g lamb's lettuce
- 1 gros chou-rave
- 2 - 3 branches d'aneth
- 2 cuillères à soupe d'huile d'olive
- 1 c.c. de beurre
- 1 cu cuillère à café de ba ba baies roses
- sel de mer

préparation

Lavez le saumon et séchez-le avec un essuie-tout en tapotant la peau du saumon avec un couteau bien aiguisé. Lavez la laitue et l'aneth et égouttez-les.

Couper les feuilles d'asperges et éplucher le bas si nécessaire - Éplucher et couper le chou-rave en dés - Placer le chou-rave et les asperges dans une grande marmite avec un insert de vapeur et cuire jusqu'à ce qu'ils soient croustillants dans la vapeur chaude.

Faites chauffer le beurre et l'huile d'olive dans l'Air Fryer et faites frire le saumon côté peau. - Couvrez ensuite l'Air Fryer et faites cuire le saumon à couvert à feu moyen. Selon l'épaisseur du filet, le saumon doit être rôti pendant 10 à 20 minutes.

Disposez la mâche sur les deux assiettes - Ajoutez les asperges et le chou-rave et disposez le saumon sur les assiettes - Parsemez le saumon d'aneth haché et de sel marin et servez chaud.

TRUITE RÔTIE AU BEURRE ET AU CITRON

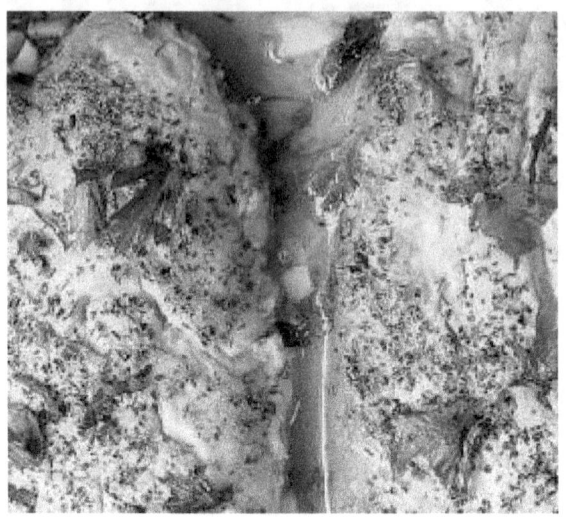

ingrédients

2 truites arc-en-ciel sauf la tête

- 100 g g de beurre
- 2 citron / n
- 4 doigts d'ail
- 4 tiges d'aneth frais
- 4 stems thyme, fresh
- 1 pincée de sel de mer
- 1 pincée de poivre noir

préparation

Rincez les truites sous l'eau courante et égouttez-les sur le torchon. - Lavez à chaud les citrons, séchez-les, puis coupez-les en rondelles et le second en petits bateaux. - Lavez les herbes et séchez-les en les secouant.

Pelez l'ail et hachez-le grossièrement. - Remplissez la truite avec les herbes, l'ail et les tranches de citron. - Coupez le beurre en morceaux et faites-en fondre environ la moitié dans l'Air Fryer. - Faites frire la truite des deux côtés pendant un court moment.

Placez la truite dans un plat réfractaire et faites-la cuire dans un four préchauffé à 175°C pendant 15-20 minutes. Retirez la truite du four et beurrez-la. Salez et poivrez le poisson et servez-le avec le bateau au citron.

STEAK SUR OIGNONS DE PRINTEMPS AVEC SAUCE AUX CERISES

ingrédients

- 4 beef steaks à 180 g
- 1 bunch of spring onions
- 1 verre de cerises
- 1 échalote
- 6 tiges de romarin
- 2 cuillères à soupe de vinaigre balsamique
- 2 cuillères à soupe d'huile d'olive
- 2 cuillères à soupe de beurre
- 1 cuillère à soupe de Xucker
- ½ cuillère à café d'agar agar
- Sel de mer

- poivre
- bâtons de cannelle
- 100 ml d'eau

préparation

Nettoyer les oignons de printemps et les couper en lanières en biais - Hacher finement le romarin - Égoutter les cerises dans une passoire, en récupérant le jus - Peler l'échalote et la hacher finement.

Pour la sauce, faire chauffer 1 cuillère à soupe de beurre et faire revenir l'échalote. - Ajouter le Xucker et déglacer avec le jus de cerise, le vinaigre et l'eau et porter à ébullition. - Laisser mijoter la sauce pendant 5-10 minutes. - Remuer l'agar agar dans un peu d'eau, l'ajouter à la sauce, remuer et porter à nouveau à ébullition - Assaisonner la sauce avec du sel, du poivre et de la cannelle fraîchement râpée. - Retirer la casserole du feu et ajouter les cerises à la sauce.

Faites chauffer le beurre et l'huile dans l'Air Fryer et faites frire les steaks pendant 2 minutes. - Retournez les steaks et faites-les rôtir de l'autre côté pendant environ 2 minutes. - Mettez les steaks sur une grande assiette et assaisonnez-les. - Placez un steak de romarin sur chaque steak, avec une deuxième grande assiette Couvrez les steaks et laissez-les reposer dans le four à environ 50 ° C pendant 5 minutes.

Ajoutez les oignons de printemps dans l'Air Fryer et faites-les sauter de tous les côtés - Ajoutez le romarin haché, puis assaisonnez les oignons avec du sel et du poivre et répartissez-les dans quatre assiettes. - Retirez les steaks du four et ajoutez-les aux oignons de printemps. - Versez la viande avec la sauce aux cerises et servez.

POIVRONS GRATINÉS

ingrédients

- 2 gros poivrons rouges
- 600 g de bœuf ha haché
- ½ courgette
- 1 échalote
- 1 c. à c. d'huile d'olive
- 200 g Gouda, grated
- 12 tiges de thym
- sel de mer
- poivre

préparation

Laver les légumes et les herbes et les égoutter - Couper les poivrons en deux et enlever les graines - Couper les courgettes en petits morceaux - Peler l'échalote et la couper en petits dés - Effeuiller 6 branches de thym.

Faites chauffer l'huile dans l'Air Fryer et faites sauter l'échalote avec la courgette. - Sortez-les à nouveau et faites frire la viande hachée. - Assaisonnez la viande hachée avec du sel et du poivre et mélangez-la avec les feuilles de thym, les courgettes et l'échalote.

Verser le mélange de viande hachée dans les moitiés du poivron et saupoudrer de Gouda - Mettre les poivrons dans un plat à gratin et faire gratiner pendant 15 à 20 minutes dans un four préchauffé. - Couvrir les petits pains au paprika avec du thym et servir.

CREVETTES SUR SALADE

ingrédients

- 250 g organic shrimp
- 125 g de mélange de laitue biologique
- 6 tomates cerises
- ½ de l'o oignon nouveau
- huile d'huile d'olive
- 1 gousse d'ail
- 1 citron biologique
- Sel de mer

- poivre

préparation

Brossage des crevettes - Peler et hacher l'ail - Rincer le citron chaud, sécher et râper la peau - Mettre le citron, l'huile d'olive, l'ail, un peu de sel et de poivre dans un bol et mélanger - Ajouter les crevettes et laisser reposer pendant 10 minutes.

Laver la salade et la sécher dans l'essoreuse à salade - Nettoyer l'oignon de printemps et le couper en fines rondelles - Laver et couper en deux les tomates - Presser le citron - Mettre la salade et les légumes dans un saladier, saler, poivrer et arroser d'un peu de jus de citron.

Mettez les crevettes et le mélange citron-huile dans un Air Fryer chaud et faites frire les crevettes de tous les côtés. - Répartissez la salade sur deux assiettes, servez les crevettes chaudes et servez.

ENTRECÔTE

ingrédients

- 500 g de steak (1 pièce)
- 50 g butter
- 1 bulbe d'ail
- 1 c. à c. d'huile d'olive
- 2 tiges de thym
- sel de mer
- poivre

préparation

Rincer la viande et l'éponger, saler et laisser reposer brièvement. - Faites chauffer l'huile et le beurre dans un Air Fryer antiadhésif. - Coupez le bulbe d'ail en deux et placez-le dans l'Air Fryer avec le thym.

Faites rôtir la viande de chaque côté pendant environ 4 à 6 minutes. - Retournez le steak plusieurs fois.

Retirez la viande de l'Air Fryer et laissez-la reposer dans le four à 50 ° C pendant 6 à 8 minutes, afin de répartir uniformément le liquide dans la viande.

SAUMON À L'ANETH

ingrédients

- 2 filets de saumon à 250 g (du pêcheur)
- 1 citron biologique
- 1 c.c. de beurre
- ½ cuillère à café d'huile d'olive
- ½ bouquet d'aneth
- sel de mer
- Poivre coloré

préparation

Laver le citron et le couper en bateau - poivre et sel de mer dans un mortier écrasé - beurre et huile dans un Air Fryer et saumon d'abord sur la peau saisir le saumon - tourner et saisir l'autre côté.

Assaisonnez le saumon, mettez l'aneth avec le saumon dans l'Air Fryer et faites cuire pendant 10 - 15 minutes dans un four préchauffé à 170 ° C. - Répartissez le saumon sur deux assiettes et servez avec un bateau de citron.

BLANC DE POULET AVEC JULIENNE ET SALADE DE LÉGUMES

ingrédients

- 2 chicken breast fillets á 250 g
- 100 g carrots
- 100 g parsley root
- 50 g de p p p p p p
- 50 g de po po po rouge

- 2 - 3 brins de thym
- 2 cuillères à soupe de beurre
- Sel de l'Himalaya
- poivre
- 1 cuillère à café d'huile d'olive

préparation

Éplucher, laver et nettoyer les carottes et les racines de persil. - Couper les poivrons en deux, enlever et laver les graines. - Coupez les poireaux en deux et lavez-les. - Coupez les légumes entiers en fines juliennes.

Effeuillez les feuilles de thym - rincez le blanc de poulet et séchez-le en le tamponnant - massez le blanc de poulet avec l'huile, le sel, le poivre et le thym - faites-le frire dans un Air Fryer enduit jusqu'à ce qu'il soit doré.

Blanchir les légumes et les placer dans des assiettes avec le filet de poulet.

FILET DE BŒUF AUX TOMATES

ingrédients

- 2 filets de boeuf, Black Angus filet à 150 g
- 6 à 8 tomates cerises
- 4 - 6 champignons bruns
- 1 grosse pomme de terre
- 3 - 4 tiges de romarin
- 3 - 4 tiges de thym
- 2 cuillères à soupe de beurre
- huile d'huile d'olive
- poivre
- Sel de mer

préparation

Ficeler les filets de bœuf - Nettoyer et couper en deux les champignons - Rincer les tomates et les herbes - Faire bouillir la pomme de terre entière avec la coquille dans la marmite, puis la couper en tranches.

Faites chauffer l'huile d'olive et le beurre dans un Air Fryer et faites sauter les filets des deux côtés. - Placez les herbes dans le four et faites cuire la viande dans un four préchauffé pendant 10 - 12 minutes à 160 ° C.

Ajoutez les champignons, les quartiers de pommes de terre et les tomates aux filets dans l'Air Fryer après environ 5 minutes et faites-les cuire. - Retirez l'Air Fryer du four, salez et poivrez, laissez reposer brièvement et servez.

MAGRET DE CANARD AUX LÉGUMES DU WOK

ingrédients

- 500 g of duck breast fillets
- 200 g de chou du Chine
- 200 g de brocoli
- 200 g of Kaiserschoten
- 12 champignons bruns
- 2 oignons de printemps
- 2 gousses d'ail
- 2 piments rouges
- ½ poivron rouge
- environ 4 cm de g g ging g frais
- Le jus d'un citron
- 100 ml de fond de légumes

- 6 cuillères à soupe de sauce soja
- 1 cuillère à soupe d'huile de sésame
- 1 cuillère à café de miel
- Sel de bambou
- poivre

préparation

Couper les filets de magret de canard en lanières - Couper le chou chinois en petits morceaux - Couper les fleurons de brocoli de la tige - Nettoyer les grenades - Brosser les champignons et les couper en deux.

Nettoyer les oignons de printemps et les couper en larges anneaux - Peler l'ail et le gingembre et les couper en fines tranches - Couper les piments en anneaux - Couper les piments en petits morceaux.

Faites chauffer l'huile dans le wok, faites frire la viande avec l'oignon, puis réservez-la dans un bol chaud. - Mettez le paprika, le brocoli et les Kaiserschoten dans le wok chaud et faites-les sauter.

Ajouter les champignons, l'ail et le gingembre et les faire sauter - Le chou chinois et les piments en dernier - Ajouter le bouillon et ajouter à nouveau la viande.

Ajouter la sauce soja, le miel et le jus de citron et laisser mijoter brièvement. - Assaisonnez de sel et de poivre et servez chaud.

POITRINE DE POULET RÔTIE AVEC SALSA DE TOMATES

ingrédients

- Pour le blanc de poulet
- 2 file file file de poitrine de poulet à 2 2 2 g
- ½ cuillère à café de paprika
- ½ cuillère à café de curcuma
- Sel de mer (Fleur de sel)
- poivre
- huile d'huile d'olive

- Pour la salsa
- 2 tomates
- 50 g of zucchini
- 1 oignon rouge
- ½ b botte de cor cor cor cor cor
- 1 piment rouge
- 1 gousse d'ail
- Le jus d'un citron vert
- Sel de mer
- poivre

préparation

Coupez les tomates et les courgettes en petits cubes - Pelez l'oignon et l'ail et coupez-les en morceaux. - Hacher le piment et la coriandre.

Versez le jus de citron vert dans un bol et ajoutez les ingrédients émincés - Assaisonnez avec du sel et du poivre et laissez tremper.

Pour le blanc de poulet, mélangez les épices dans un petit bol et frottez les filets avec. - Faites chauffer l'huile d'olive dans un Air Fryer et faites frire les filets des deux côtés.

Retirez les filets de poulet de l'Air Fryer, coupez-les et étalez la salsa de tomates sur le dessus.

SALADE COLORÉE AVEC CHAMPIGNONS FRITS

ingrédients

- 10 champignons
- 2 tomates
- 1 laitue romaine
- 1 poignée de mâche
- 1 poignée de roquette
- 1 poignée de Lattughino rouge
- 1 c. à c. d'huile d'olive
- sel de mer
- poivre
- Balsamique

préparation

Laver les feuilles de laitue, les sécher dans l'essoreuse à salade et les placer dans le saladier. - Coupez les tomates en petits morceaux et ajoutez-les à la salade. - Ajoutez le sel, le poivre et un peu de vinaigre balsamique et remuez.

Nettoyez les champignons et coupez-les en quatre. Faites chauffer l'huile dans une friteuse et faites sauter les champignons de tous les côtés. - Répartissez la salade sur deux assiettes et garnissez-la de champignons frits.

CUISSES DE POULET AUX GIROLLES

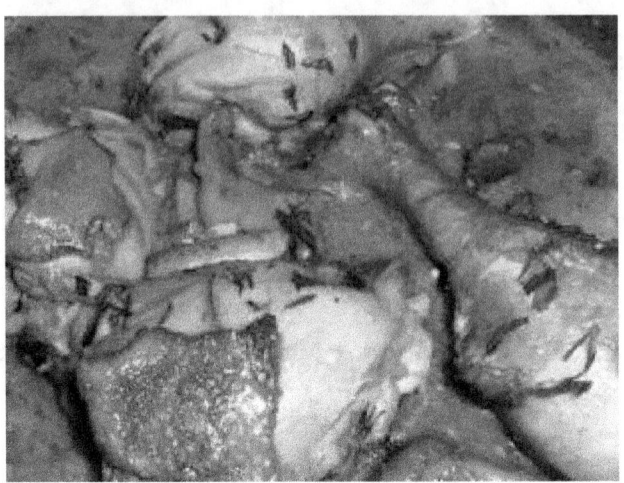

ingrédients

- 2 chicken legs á 200 g
- 100 g of chanterelles
- 50 g mushrooms
- 1 échalote
- ½ bouquet de th ème
- Sel de mer et poivre
- 2 cuillères à soupe d'huile d'olive

préparation

Rincer les cuisses de poulet sous l'eau chaude et les sécher - Peler et couper l'échalote en dés - Retirer les feuilles de thym de la tige.

Dans un grand Air Fryer , faites chauffer 1 cuillère à soupe d'huile d'olive et faites sauter les cuisses de poulet de tous les côtés. - Saupoudrez les cuisses de poulet de thym et faites-les cuire au four préchauffé à 140 ° C pendant environ 35 minutes.

Brossez les champignons - Dans un deuxième Air Fryer, faites chauffer 1 cuillère à soupe d'huile d'olive et faites frire les échalotes. - Ajoutez les champignons et faites-les frire pendant un court instant. - Assaisonnez le Air Fryer de champignons avec du sel et du poivre et ajoutez-les au poulet.

SHASHLIK

ingrédients

- 500 g de filet de porc
- 2 poivrons jaunes

- 12 tomates cerises
- 2 oignons
- 1/2 bouquet de persil
- 2 - 3 brins de thym
- 2 citrons
- Sel de l'Himalaya
- Poivre blanc

préparation

Coupez la viande en dés - Pelez l'oignon et coupez-le en petits dés - Hachez le persil et le thym.

Mettez l'oignon, les herbes, le jus des citrons, le sel et le poivre dans un bol et mélangez. - Ajoutez les cubes de viande et laissez mariner. - Couvrez la viande et gardez-la à couvert pendant au moins 4 heures.

Couper les poivrons en morceaux - Peler et faire sauter le deuxième oignon - Placer la viande en alternance avec les oignons, les poivrons et les tomates sur les brochettes et faire griller pendant 10 à 15 minutes.

BOULETTES DE VIANDE D'AGNEAU AVEC SALSA

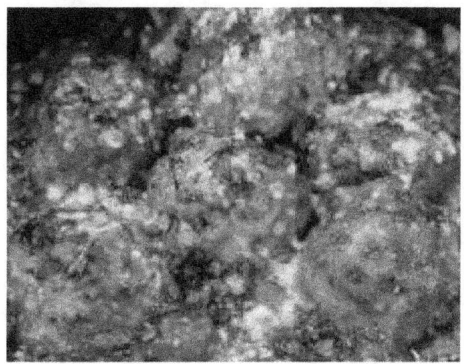

ingrédients

- 400 g of lamb minced raw
- 1 jaune d'œuf, œuf de poule
- 150 g soy yoghurt
- 1 cuillère à café de moutarde moyennement chaude
- 1 pincée de poivre rouge de cayenne
- 1 pinch of cumin dried
- 1 pinch of fennel seeds
- 1 pincée de sel de mer (Fleur de sel)
- 2 cuillères à soupe de beurre
- huile d'huile d'olive
- 2 big tomatoes / n
- 1 oignon rouge moyen
- 2 gousses d'ail
- 1 piment cru
- 1 pincée de sel de mer (Fleur de sel)

- 1 pincée de poivre noir
- 1 citron vert petit
- 10 stems of coriander, fresh
- 3 cuillères à soupe d'huile d'olive

préparation

Couper les tomates sur Krenz, les verser dans de l'eau bouillante pendant un court instant, puis les peler. - Coupez les tomates en quatre, retirez les noyaux et coupez-les en petits morceaux.

Peler l'oignon et l'ail et les hacher finement - Couper le piment en deux et épépiner les graines - Mettre les tomates, l'oignon, l'ail, un peu de piment et le reste des ingrédients dans un bol et les hacher avec le mixeur manuel - il ne doit pas s'agir d'une bouillie homogène.

Mettez l'agneau haché, le yaourt, la moutarde et l'œuf dans un bol et mélangez. - Pilez toutes les épices dans le mortier et ajoutez-les au mélange de viande hachée, pétrissez et formez de petites boules.

Faites chauffer le beurre et l'huile dans un Air Fryer et faites frire les boulettes de viande en les faisant dorer. - Servez les boulettes de viande d'agneau avec la salsa.

www.ingramcontent.com/pod-product-compliance
Lightning Source LLC
Chambersburg PA
CBHW071451080526
44587CB00014B/2067